大人のための お金の教養

監修
横山光昭
Mitsuaki Yokoyama

SOGO HOREI PUBLISHING CO., LTD

はじめに

老後 2000 万円問題やコロナショックなど、この数年で私たちがお金を強く意識する出来事がたくさん起こっています。営業時間短縮や休業による減収、交通費支給の減少などから給与支給額が減った方もいらっしゃると思います。家計では、旅行や外食が減り、高級食材の購入やデリバリー利用の増加、日用品の買いだめなどが起こり、支出の仕方自体が大きく変化したと感じています。

一度変化した支出は、簡単には元に戻りません。生活の仕方がたとえ元に戻ったとしても、生活様式が変わることで発達した商売の仕方は継続されていくと思います。今後は変化した状況で、上手にやりくりすることを考えていかなくてはなりません。そのためにも、お金の知識は持っておくべきです。

「お金」に関して知っておくべき事柄は非常に多く、また専門用語も難しいため、理解しづらいことでしょう。投資や iDeCo（個人型確定拠出年金）、円安や円高……言葉だけは知っていても、制度やしくみをきちんと理解していない人のほうが多いのです。

本書は自分のお金について考えるための、幅広い情報の提供を目的として、監修させていただきました。

家計や資産について考えるとき、プラスになることばかりではなく、万が一のときにどうするかという知識も持ち合わせていてほしいものです。病気になって医療費が高くて困ったときに、助けになる制度がある。年金は老齢年金のほか、どういうときにもらえるのか。投資にはどのような種類があるのか、相続にはどんな方法があるのか。これから先、お金に変わるものはなにか。

すぐには役立たないかもしれませんが、それぞれ必要な時期が来たときに、知っているかどうかで対応が違ってきます。

必要なときに、スムーズに動ける、考えられる知識を広く持っていただきたいのです。

そのため、本書ではお金とはなにかというところから、お金にまつわる全体を解説しています。各項目は短くまとめられており、すぐに読み終えることができます。難しい用語はできるだけ避け、視覚的にもわかりやすいよう、図も多く入れています。この本を参考にお金に関することの大枠を知っていただき、自分にとってのお金の存在意義、身を守るための制度、使い方や貯め方・増やし方、引き継ぎ方などを考えるヒントにしていただければ幸いです。

本書で紹介しているのは、次のような内容です。

お金のことを知る

お金には３つの役割があります。その役割を効率よく果たすために、いろいろなしくみができました。銀行や金利、景気など、元の価値から変動することもあるため、そのしくみについて知りましょう。また、将来のお金について考えることも必要です。考えたり取り組んだりする上で困ったときの相談先についても、確認しておきましょう。

お金を稼ぐ・納める

働いて収入を得て、生活するために使うというのが、家庭でのお金の流れです。収入を得るには会社に雇用されたり、自営業やフリーランスで働くという方法があります。また副業で副収入を得ることもできます。

収入を得るとついてくるのが税金です。税金の種類やしくみを知り、各種控除を使いながら節税を心がけましょう。

お金を貯める

お金を貯めるには、節約の方法と預金の仕方、金利について知る必要があります。節約の方法は、家庭により向き不向きはありますが、できることからはじめましょう。キャッシュレスも上手に家計に取り入れたいものです。

お金を借りるしくみを知る

住宅ローンやマイカーローンなどのしくみ、賢い使い方を知っておきましょう。またクレジットカードやリボルビング払いの利用は、一時的な借金になります。支払い方法の特徴から上手につき合うコツを考えましょう。

お金で守る方法を知る

日本は、社会保障制度で守られています。給料から天引きで支払っている社会保険料のしくみ、給付や保障について知りましょう。また、生命保険や損害保険といった民間の保障の備え方も知るべきです。

年金は人生 100 年時代の支えとなる大切な収入です。年金保険料を納める意味や種類を知り、長い老後生活の準備をしましょう。

お金の増やし方を知る

お金を増やすには「投資」がよいと聞くでしょうが、急にはじめても失敗します。投資の基礎から利益や損失が出るしくみについて理解しましょう。各投資の特徴を知り、自分がやるべき投資について考えてみましょう。

お金を引き継ぐ方法を知る

相続・贈与が発生するときの対策を知りましょう。特に、投資商品を引き継ぐときなどに困ることが多いようです。また税金をかけない相続や、贈与の方法もあります。利用できる条件、メリットやデメリットなどを知り、これから遭遇するかもしれない相続・贈与の場面に備えましょう。

制度を知ることは、身を守ることです。一般的なことや当たり前なことを知ると、「では、私（わが家）はどうするか」を考えるベースにもなります。

お金に興味が持てるともっと知りたくなり、自分の身の回りのお金が気になります。すると調べたり自分でできることに取り組んでみたりします。そして自分自身の家計や資産形成についても、よい方向へ変化させていけるのです。

こういう風になれると、お金を非常によく循環させられます。収入減だ、稼ぎにくい、格差社会などいろいろいわれる今ですが、やり方次第では十分に乗り越えられ、資産も作ることができます。自分にはなにができるのかと考えながら、読み進めてください。

CONTENTS

第2章 お金を稼ぐ・納める

第3章　お金を貯める

第4章　お金を借りる・もらう

第5章 お金で守る

第6章 お金を増やす

第7章 お金を引き継ぐ・残す

第8章 お金の未来

編集協力／金指　歩
装丁／別府　拓(Q.design)
本文デザイン・イラスト／木村　勉
DTP／横内俊彦
校正／矢島規男

第1章

お金を知る

1 お金は「３つの役割」を持っている

日頃何気なく使っている「お金」。その役割は数多くあるように感じますが、実はたった３つにまとめられます。生活に欠かせないお金の役割を知っておきましょう。

 お金の役割は「貯める」「交換する」「価値を測る」

「お金はなぜあるの？」。突然そう聞かれると少し悩んでしまうかもしれません。お金のおもな役割は、次の３つに集約されます。

１．貯める

ひとつ目は、貯めること（貯蔵手段）です。

例えばお金が現在のような硬貨や紙幣ではなく、魚や果物などの新鮮な食材であればとれた直後には価値がありますが、しばらく経つと鮮度が落ちたり、腐ったりして価値が減少してしまいます。

一方現在のお金は、時間が経っても金額が減少することはありません。大切な財産を長期間貯蔵する役割を担っているのです。

２．交換する

２つ目は、交換すること（交換手段）です。

人間は元々、もの同士を交換する「物々交換」によって生活を成り立たせてきました。現在は硬貨や紙幣、これらに関連づけられた電子マネーなどを、商品やサービスと交換することで、生活や社会が成立しています。お金があるからこそ、スムーズに生活できるのです。

3．価値を測る

３つ目は、価値を測ること（価値尺度）です。

例えばあなたの目の前に２つの宝石があったとします。宝石Ａは10万円、宝石Ｂは1000万円の値段がつけられていた場合、宝石Ｂのほうが価値が高いと感じます。

このようにお金はものの価値を測り、その価値を伝える役割があります。

お金は貯蔵できる

お金は交換できる

価値を測るものさし

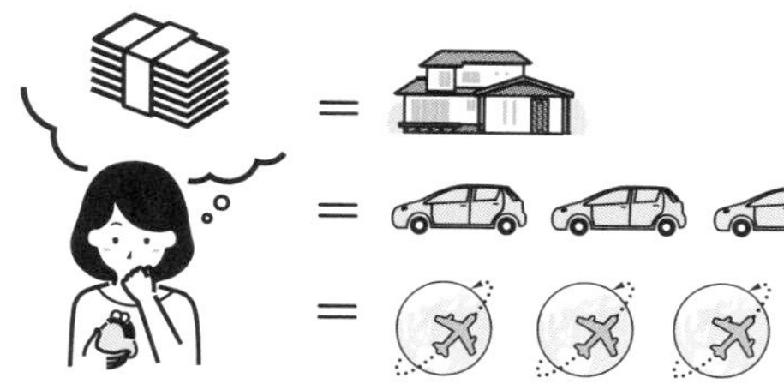

2

お金の誕生は「太古の昔」

お金はいつから存在しているのでしょうか？　そのルーツを紐解いてみましょう。

お金は昔、貝や石だった！

太古の昔、人々は物同士を交換する「物々交換」を行って、生活を成り立たせていました。

しかし植物や動物など交換できるものが、いつでも入手できるとは限りません。交換するものがなくなったら餓死してしまうかもしれない……。そこで登場したのが「お金」です。正確には、貝や石、塩、布など、価値がある程度高く、長期保存ができるものを「物品貨幣」として利用していました。

その後、金や銀、銅などの金属がお金として扱われるようになります。日本で最古のお金は、683年に作られたとされる「富本銭」です。そして、708年に「和同開珎」が生まれたといわれています。

紙でできた「紙幣」も登場します。世界で最古の紙幣は、10世紀の中国で作られた「交子」だというのが通説です。

「金本位制度」から「管理通貨制度」へ

19世紀から20世紀初頭にかけて、世界で取り入れられていたのが「金本位制度」です。各国のお金の価値を金によって表す制度で、金がお金の代わりに流通しました。

しかし金本位制度では経済状況に合わせた景気調整が難しく、世界経済の発達に伴って金の生産量が不足するようになりました。1971年の「ニクソン・ショック」を機に、金とお金の交換が停止されるようになって、金本位制度は「管理通貨制度」へ移行していきました。

貨幣の誕生

通貨制度

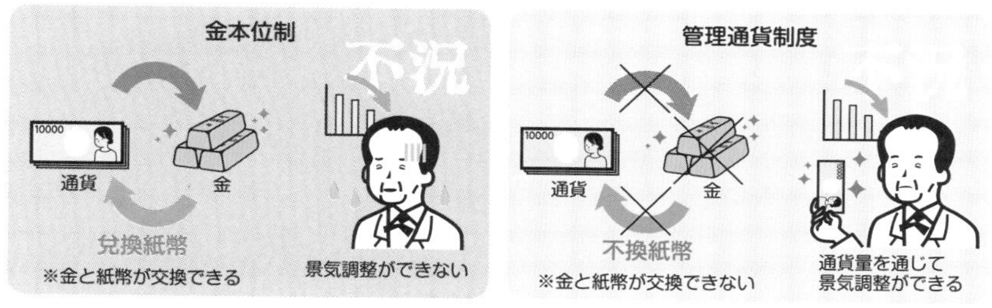

第1章 お金を知る

3 お金と社会、銀行の関係性

社会でお金が使われるために、重要な役割を果たしているのが「銀行」です。日頃から何気なく利用している銀行のさまざまな役割を知っておきましょう。

「管理通貨制度」と銀行

現在日本や世界では、特定の通貨が安定して使用・供給されています。そんな通貨を支えているのが「管理通貨制度」です。これは政府機関や中央銀行が通貨の発行量を適量に調節して、物価の安定や経済成長などを図る制度です。

日本でこの役割を担っているのが「日本銀行」です。通貨同士の価値を決める「為替」に関しては、「財務省」が介入します。実際に硬貨や紙幣を作っているのは「造幣局」です。このような体制で日本の通貨は安定的に管理されています。

国が発行した通貨を私たちの手に行き渡らせているのが、銀行です。銀行はさまざまな手段でお金を企業や個人へ移動し、社会全体でお金が過不足なく扱われるようにしています。お金は社会を循環する「血液」のようなものです。

銀行の役割は「預金・融資・為替」

銀行には大きな役割が３つあります。それは「預金」「融資」「為替」です。

預金とは、個人や企業から一定期間お金を預かることです。期間が満了した際は、利息をつけて返します。この預金によって、個人や企業はお金を預けて管理してもらい、お金を増やすことができます。

融資とは、預金によって集めたお金を、企業や地方自治体、個人などに金利をつけて貸し出すことです。融資があるからこそ、企業などは十分な事業活動を行えます。また融資によって得た金利収入は、銀行の大切な収入です。

為替とは、振り込みや手形などによってお金を移動し決済することです。外国とお金のやり取りをすることは「外国為替」といいます。

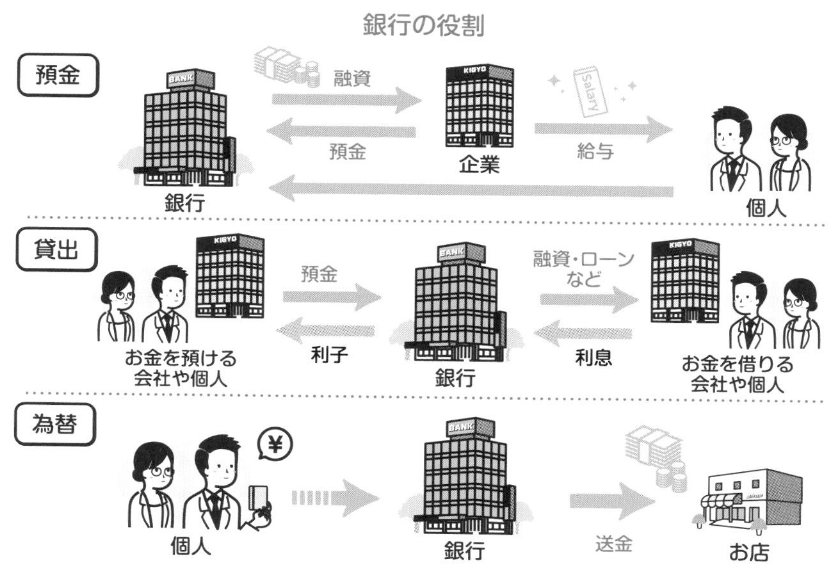

4 「金利」ってなんだろう

経済ニュースを見ているとよく出てくる「金利」。金利とはなんでしょうか？
まずは身近な金利から説明していきます。

 お金の貸し借りと「金利」

あなたが銀行からお金を300万円借りたいとき、銀行はタダでは貸してくれません。そんなときに登場するのが「金利」です。つまり**金利とは、借りる金額に対して支払う利息の割合**を指します。

例えばあなたが100万円を借りるとき、金利が年利2.4%で、毎月均等に支払

金利と利息

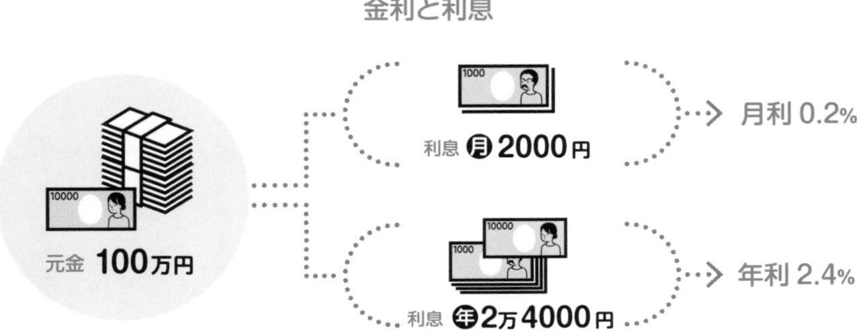

って1年間で返し終わる約束をしたとします。この場合100万円だけでなく、その2.4%に当たる2万4000円も含めて返さないといけません。

もし100万円だけならば毎月約8万3000円を返せばいいのですが、金利がかかっているため毎月の支払いは約8万5000円と、2000円ほど増加するのです。

借りる側にとっての金利は、支払いコストが増える原因になるため、なるべく低く抑えようとします。一方貸す側にとっては、金利が高いほど利息収入が増えるため、高いほうが好ましいのです。

銀行も金利を払っている！

個人や企業にお金を貸している銀行も、実はお金を融通し合っていることをご存じですか？　世界には「インターバンク市場」という場所があり、銀行間でさまざまな取引が行われています。

インターバンク市場の中で、お金の貸し借りが行われているのが「短期金融市場」です。無担保で借りて翌日には返す「無担保コール」や、1年未満で返す「コマーシャル・ペーパー（CP）」などの種類があり、それぞれ金利が設定されています。銀行も金利を払ってお金を調達しているのです。

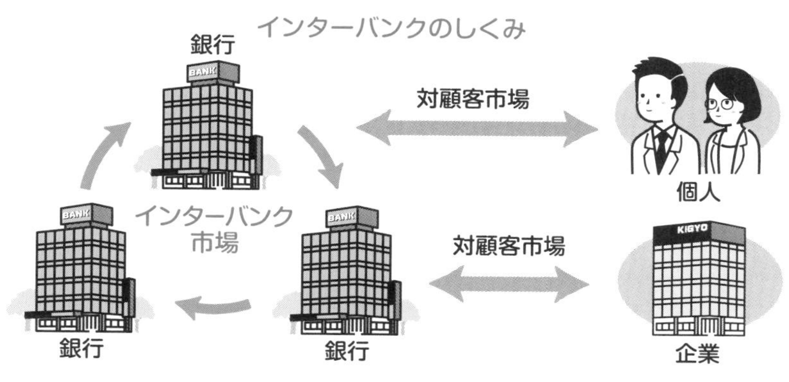

5 「景気」と「金利」はつながっている

「なんだか景気が悪いなあ……」。そんなとき政府は、どのような対応を取るのでしょうか。景気と金利の関係性を覗いてみましょう。

 「景気がいい」「景気が悪い」とは

「景気」とは、世の中に活気があるかどうかを示す言葉です。

景気がいいとき（好況期）には、多くの資金需要が生まれ、消費は拡大し、銀行からの融資も増加します。しかし景気が悪いとき（不況期）には、資金需要が低下して消費は抑制され、銀行からの融資も減少します。

景気のよし悪しを測る指標に決定的なものはなく、複数の指標を組み合わせて判断しているのです。

 景気は金利によって調整する

景気が悪くなったとき、どのような対策が取られるのでしょうか？

まず政府や自治体は、減税や公共事業への投資などの「財政政策」によって改善しようとします。そして中央銀行は、金利を低下させる「金融政策」によって対策を行います。

不況期はお金がうまく循環していないことが多いです。そこで中央銀行は、銀

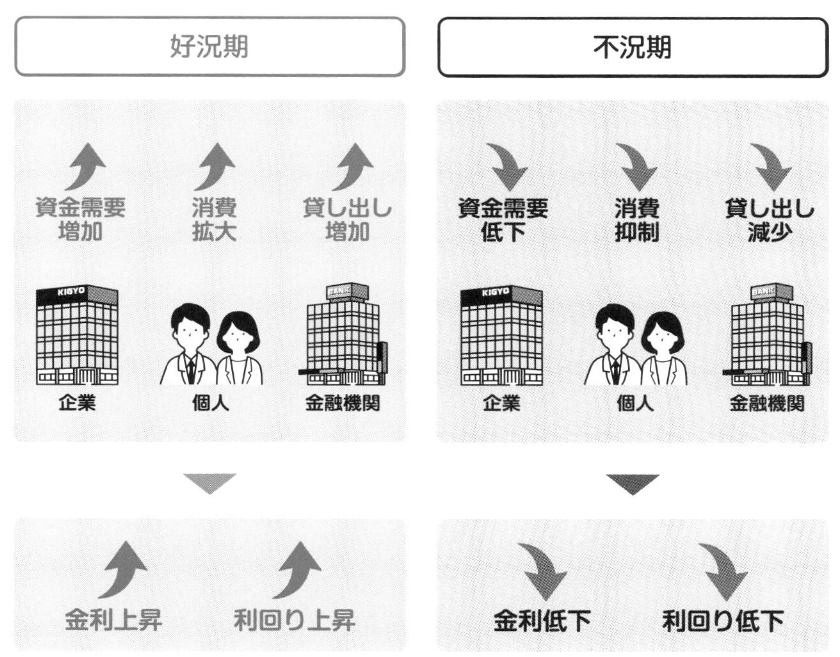

行の預金金利や貸出金利に影響する「政策金利」を下げて、お金が比較的借りやすい状態を作ります。すると、企業が積極的に銀行などから資金を調達するようになって、事業活動が積極的になり、人々の収入も増えて消費が拡大するという好調なサイクルが回るようになるのです。

逆に好況期に景気が過熱気味になると、中央銀行は金利を上げます。するとお金が借りにくくなるため企業活動が落ち着き、人々の収入は減少傾向になります。景気はこの不況期と好況期を行ったり来たりしているのです。

6 「インフレ」と「デフレ」

景気や金利と切っても切れないのが「インフレ」と「デフレ」という言葉です。その意味や、現在の日本の状況を見ていきましょう。

「インフレ」「デフレ」とは

インフレ（インフレーション）はモノの値段が上昇し続ける状態、デフレ（デフレーション）はモノの値段が下落し続ける状態を指す言葉です。**景気がいいときにはインフレが起こりやすく、景気が悪いときにはデフレが起こりやすくなります。**

例えばデフレのときに、りんご1個が50円で買えたとします。しかしインフ

インフレとデフレ

インフレ
（＝モノの価値が上がる）

200円出さないと
買えない
100
100

デフレ
（＝お金の価値が上がる）

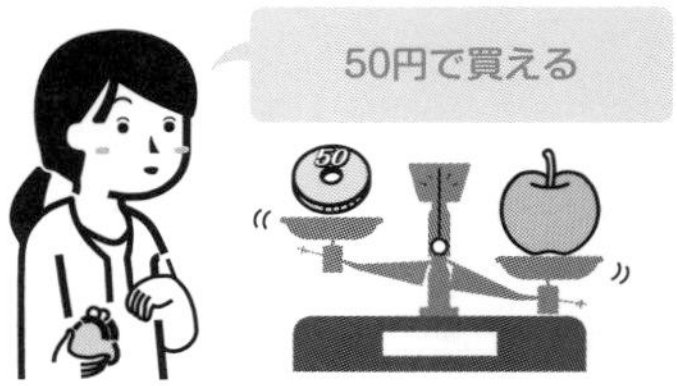

レが起こって物価が上昇したら、りんごは1個200円に値上がりするかもしれません。このように**モノの価格は一定ではなく、インフレやデフレによって大きく左右される**のです。

インフレやデフレはなぜ起こるのでしょうか？　それは、モノの需要と供給が常に変動しているからです。モノの需要が増えて供給量が減れば、モノの価格が上がってインフレになります。しかし、モノの需要が減って供給量が増えれば、モノの価格は下がってデフレを招きます。実際にはほかにもさまざまな要因が影響して、景気は変動していきます。

日本は「マイナス金利」状態？

現在の日本はどのような景気状態なのでしょうか？

まず1990年代頭にバブルが崩壊し、不況に陥ります。その後景気の波がありながら、2013年に当時の安倍内閣が掲げた「アベノミクス」によって、インフレ率が2％になることを目標とした金融政策や、大規模な財政政策などが行われました。

その後景気回復の兆しは見えたものの、2019年末から世界中で新型コロナウイルス感染症の感染拡大により、経済が再び停滞しかけているような状態です。

景気を上昇させるためには金利を下げる必要がありますが、日本はすでに、日本銀行が銀行にお金を貸す際の金利が0％に近い「ゼロ金利施策」を取っていました。

そこで2016年より打ち出されたのが「マイナス金利施策」です。マイナス金利では、銀行が日本銀行にお金を預けたままにしておくと金利を支払うことになります。そうすることで、銀行から企業や個人への融資を増加させ、世の中にお金を循環させようという政策でした。

今後景気が回復すれば、金利を上げてインフレも加速するはずですが、まだそこまでにはいたっていません。

7 「円安」と「円高」ってなに？

ニュースを見ていると「本日の為替相場は、○○円の円高ドル安の……」などと、円安・円高という言葉を聞きます。これはどんな意味でしょうか？

 円安・円高は「通貨同士の強さ」

円安・円高とは、通貨同士の力関係を示しています。

日本でよく取引される日本円と米ドルを用いて説明しましょう。例えば昨日は1米ドル100円、今日は1米ドル110円だったとします。これは「昨日は100円を出せば1米ドルが買えたのに、今日は110円を出さないと1米ドルが買え

円安・円高とは

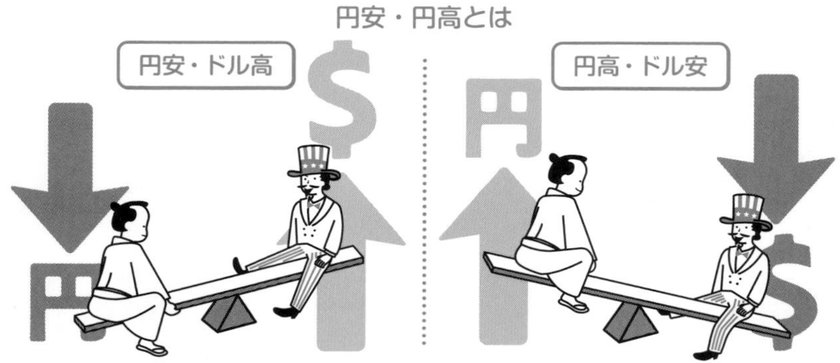

ない」ということです。よって昨日から今日にかけては「円安・ドル高」といえます。**通貨同士の力関係は、シーソーのように変動している**のです。

「外国為替取引」で利益を出す方法

日本円や米ドルなどの通貨をやり取りすることを「外国為替取引」といいます。これは世界中の「外国為替市場」で取引され、通貨の力関係は「1ドル○○円」などの「為替レート」によって表示されます。

例えば121円で米ドルを買い、122円で米ドルを売ったとしましょう。すると1円の利益が生まれます。これを「為替差益」といいます。同様に119円で米ドルを売って、118円で買い戻しても1円の為替差益が生まれます。外国為替市場ではこのような売買が日々行われており、大量の通貨が取引されているのです。

個人でも為替取引は行えます。その代表的な手法が「FX（Foreign Exchange)」です。詳しい方法は、P.158で解説しています。

為替差益の例

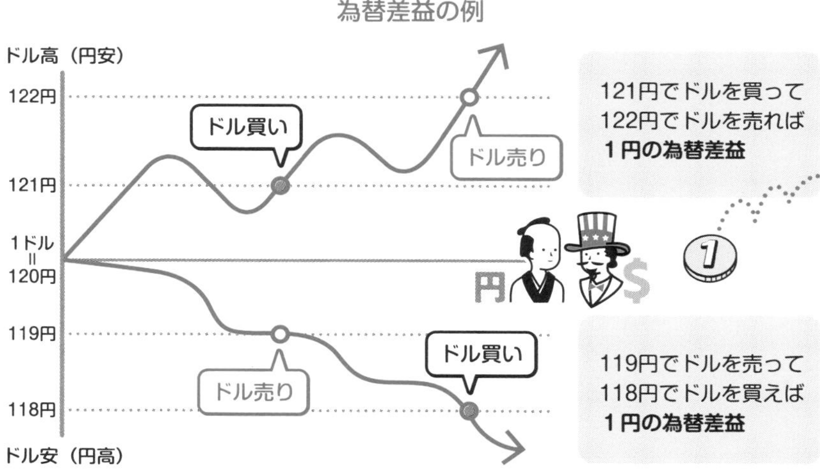

第1章 お金を知る

8 まずは「ライフプラン」を立てよう

人生にはどれくらいのお金がかかるのでしょうか？　まずは「ライフプラン」を立てて、自分の人生をおおまかに見積もってみましょう。

 一生涯にかかるお金は億単位 !?

人は一生涯にどれだけのお金をかけて生きるのでしょうか。例えば、結婚に362万円、住宅購入に4257万円、教育費用に2568万円など、退職までの期間だけでも約1.8億円ものお金がかかるといわれています。さらに老後費用も必要です。だから生涯約2億～3億円のお金が動くのです。

一方、一生涯で稼ぐお金も約1億～2億円が目安なので、過度に悲観する必要

一生涯でかかるお金

はありません。大切なのは「なににお金をかけ、なにを節約するのか」。**あなたの理想のライフスタイルに合わせて、出費にメリハリをつけていくといいでしょう。**

「ライフプラン」を立ててみよう

あなたに合ったお金の使い方や必要な金額を知るためにも、まずは一生涯のお金の計画「ライフプラン」を立ててみましょう。ライフプラン表の書き方は自由です。家族構成や家族の年齢、発生予定のイベント、予定している収入や支出などをざっくりと見積もっていきます。

ライフプランを立てる中で知っておきたいのが「ライフステージ」です。人生には、社会人になった「独立期」→世帯を持つ「新婚期」→子どもを得てからの「子育て期」→子どもが巣立ってからの「子ども独立期」→老後を迎える「老後期」といった段階があります。ライフステージどおりの人生を送るかはわかりませんが、ライフプランを立てる際の目安になるでしょう。

人生の形は人それぞれです。ライフプランを立てながら、今後の生活をより具体的に想像してみてください。

ライフプランの例

		'15	'16	'17	'18	'19	'20	'21	'22	'23	'24	'25	'26	'27	'28	'29
家族の年齢	夫	31	32	33	34	35	36	37	38	39	40	41	42	43	44	45
	妻	30	31	32	33	34	35	36	37	38	39	40	41	42	43	44
	子ども	0	1	2	3	4	5	6	7	8	9	10	11	12	13	14
イベント																
収入合計		464	478	492	507	522	538	554	571	738	757	777	797	818	839	861
支出合計		362	367	452	398	414	1440	499	515	522	528	655	562	769	607	614
貯金残高		510	632	684	807	931	48	104	162	381	617	751	1001	1070	1323	1597

9 住宅・教育に必要なお金

「人生の三大資金」といわれている､住宅・教育・老後にかかるお金。いったいどれくらい見積もっておけばいいのでしょうか。

人生に必要な「住宅資金」はいくら？

人生で最も大きなお金がかかるといわれているのが、**住宅資金、教育資金、老後資金の3つ**です。これをあわせて**「人生の三大資金」**と呼びます。まずは住宅資金について解説します。社会に出てひとり暮らしをした時点では、多くの場合賃貸住宅に住みます。その後結婚して世帯を持ったり、まとまった資金が貯まったりしたときに、住宅を購入する方も多いでしょう。

住宅購入にはいくらかかるのでしょうか？　国土交通省「令和２年度 住宅市場動向調査」によると、平均的に次のような費用がかかっています。

- **注文住宅（新築）：5359 万円**
- **分譲戸建住宅（新築）：3826 万円**
- **分譲マンション（新築）：4639 万円**
- **戸建住宅（中古）：2894 万円**
- **マンション（中古）：2263 万円**

住宅購入の際は、住宅ローンを利用する方が約９割です。住宅ローンに関しては、P.98 で説明します。

 「教育資金」は進学ルートによって変わる

子どもの進学にかかる教育資金は、公立学校と私立学校のどちらに進学するかによって、かなり大きな差が生まれます。

例えば幼稚園から大学まですべて公立学校に進学すると、かかる学費は学校外活動費を含めて約 786 万円です。一方、すべて私立学校に進学した場合は、約 2220 万円に跳ね上がります。とくに私立学校に通わせようと考えているのならば、資金計画をしっかりと練ることが必要です。

ただし現在は、３歳～就学前は幼児教育・保育の無償化がはじまっており、公立・私立高校の授業料無償化もあり、負担がかなり減るでしょう。また小学校から高校までの学費は、生活費の中から支払っていける金額帯ともいえます。よって**長期にわたって蓄える必要があるのは、大学費用です。**学資保険や定期預金などを活用しながら、備えていきましょう。

教育に必要な費用

すべて公立
約**786**万円

すべて私立
約**2220**万円

公立		
	幼稚園	22万3647円 × 3 ＝ 67万941円
	小学校	32万1281円 × 6 ＝ 192万7686円
	中学	48万8397円×3 ＝ 146万5191円
	高校	45万7380円×3 ＝ 137万2140円
	大学	入学金28万2200円（目安）＋53万5800円 × 4 ＝ 242万5400円

私立		
	幼稚園	52万7916円 × 3 ＝ 158万3748円
	小学校	159万8691円 × 6 ＝ 959万2146円
	中学	140万6433円 × 3 ＝ 421万9299円
	高校	96万9911円 × 3 ＝290万9733円
	大学	入学金24万8813円 ＋ 91万1716円 × 4 ＝ 389万5677円

10 老後に必要なお金

「老後は 2000 万円の貯蓄が必要」だといわれる昨今。老後資金は実際、どれくらい用意しておけばいいのでしょうか？

老後資金に必要な出費

あなたや家族の老後には、どのようなお金がかかるのでしょうか。

まず**「病気や介護などに使うお金」**です。老後は体調を崩したり、病気を治療したりする機会が増えます。そのため、治療代や介護費用などを見積もっておくといいでしょう。次に**「特別なイベントに使うお金」**です。現役時代に家を購入していた方は、住宅の老朽化とともに改修費やリフォーム代などがかかります。また子どもの結婚や出産などでお祝い金を出すこともあります。

そしてこれまで仕事や家事・育児に忙しかった分、老後は楽しみたいものです。旅行や趣味を楽しむなど、**「楽しいことに使うためのお金」**も必要です。

老後に必要な出費

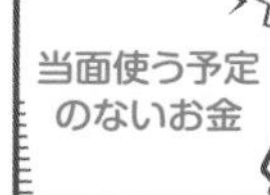

病気・介護など万が一のときに使うお金

特別なイベントに使うお金

楽しいことに使うお金

生活に必要なお金

最後に**「生活に必要なお金」**です。食費や住居費、光熱費や通信費、社会保険料など、日々の生活を送るのに必要なお金の確保も忘れないようにしましょう。

老後は給与収入がなくなり、公的年金やこれまでに貯めた老後資金を中心にお金をやりくりします。必要に応じて貯金を崩しながら生活していきましょう。

老後資金は年金だけでは足りない！

老後生活には、どれくらいのお金がかかるのでしょうか。公益財団法人生命保険文化センターが行った調査によると、夫婦２人の場合、老後の生活に最低限必要な金額は、月22.1万円でした。またゆとりのある生活は、月36.1万円を用意しておくのが望ましいようです。

では、年金はどれくらい受け取れるのでしょうか。元会社員などがもらえる厚生年金の平均額は月14.6万円、元自営業や会社員の妻などがもらえる国民年金は、月5.6万円です。平均的な給与収入を得ていた会社員と専業主婦だった妻の場合、老後の生活スタイルによって次のようなお金を蓄えておく必要があります。

● 最低限の老後生活を送る場合：約570万円の貯蓄が必要

実支出 月22.1万円－（実収入 月14.6万円＋5.6万円）＝月1.9万円の不足

月1.9万円×12カ月×25年（85歳まで）＝570万円

● ゆとりある老後生活を送る場合：約4770万円の貯蓄が必要

実支出 月36.1万円－（実収入 月14.6万円＋5.6万円）＝月15.9万円の不足

月15.9万円×12カ月×25年（85歳まで）＝4770万円

これは平均額であり、あくまで参考です。まずは自分の支出を把握し、受け取れる年金額の目安を知った上で、退職金などの収入額を見積もると、あなたの老後に必要な貯蓄額が出せます。年金額を知る方法は、P.128で解説しています。

11 「理想的なお金の流れ」を知る

家計は人それぞれですが、実は「理想的なお金の流れ」があります。日々の収支のバランスは「キャッシュフロー表」で確認しましょう。

理想的なお金の流れとは

おおまかに老後に必要な金額がわかったら、次は現在の収入と支出のバランスを確認します。その前に「理想的なお金の流れ」を知っておきましょう。

家計には定期的に給与などの収入が入ってきます。このお金が、あなたの「資産」です。この資産は食費や住居費、交際費、教育費などで使用され、どんどんなくなっていきます。このとき大切なのが「お金の使い方」です。

お金の使い方には「浪費」「消費」「投資」の３種類があります。浪費とはいわゆる「ムダ使い」のことです。消費とは、生きるのに必要な支出です。そして投資は、自己投資や貯金、金融投資など、将来の自分を向上させるための支出です。

浪費をゼロにする必要はありませんが、多くても５％程度に減らし、消費を適切な金額に抑えて、いかにお金を投資するかが、家計を回す上で非常に重要です。

将来の家計状況を知る「キャッシュフロー表」

あなたの家計は将来にわたり健全でしょうか。それとも不健全になっていくでしょうか。今後の家計の状態を知りたいときは、「キャッシュフロー表」がおすすめです。

キャッシュフロー表は毎年の収入や支出、資産の推移を、入学や退職などのライフイベントに基づいて記入する表のことです。これは、いつ、どのくらいの資金が必要で、その資金が足りているか、不足しているかが把握できます。

つまり、その不足しそうな時期に向けて、貯金を増やしたり、長い将来のために投資をしたりするなど対策を考えるきっかけになるのです。

キャッシュフロー表の例

ここに現在の年齢を記入

家族のイベントを記入

(単位:万円)

経過年数	現在	1年後	2年後	3年後	4年後	5年後	6年後	7年後
夫の年齢	38	39	40	41	42	43	44	45
妻の年齢	35	36	37	38	39	40	41	42
子どもの年齢	5	6	7	8	9	10	11	12
子どもの年齢	3	4	5	6	7	8	9	10
子どもの年齢								
ライフイベント			長男 小学校 入学		次男 小学校 入学	車の 買い替え 妻パート 減らす		夫昇進
夫の収入	550	550	550	550	550	550	550	610
妻の収入	110	110	110	110	110	90	90	90
一時的な収入								
収入合計 Ⓐ	660	660	660	660	660	640	640	700
基本生活費	200	200	200	200	200	200	200	200
住居関連費	175	175	175	175	175	175	175	175
車両費	34	34	34	34	34	34	34	34
教育費	54	54	54	54	54	54	54	54
保険料	40	40	40	40	40	40	40	40
そのほかの支出	35	35	35	35	35	35	35	35
一時的な支出						150		
支出合計 Ⓑ	538	538	538	538	538	688	538	538
年間収支 Ⓐ－Ⓑ	122	122	122	122	122	−48	102	162
貯蓄残高	122	244	366	488	610	562	664	826

「今年の貯蓄残高＝前年の貯蓄残高＋今年の年間収支」で計算

イベントにかかる費用はここに記入

12 「個人バランスシート」で家計をチェック

さらに家計の状態を知るために､「個人バランスシート」を書いてみましょう。

家計の総決算！「個人バランスシート」

キャッシュフロー表で将来の収支の流れをみすえられたら、次は「個人バランスシート」を作成します。会社のバランスシート（貸借対照表）のように、家計の「資産」「負債」「純資産」を洗い出して、家計のバランスを把握するのです。

やり方はとても簡単です。まずはあなたの資産である、預貯金や株式、自宅などの金額を計算します。次に住宅ローンやカーローンなど、負債を洗い出します。資産額から負債額を差し引くと、純資産がわかるでしょう。

この純資産がプラス（黒字）であれば、現在の家計バランスはよいということになります。しかし純資産がマイナス（赤字）ならば、家計バランスは悪く「債務超過」の状態になりますので、改善が必要です。

個人バランスシート作成のポイント

個人バランスシートを作成する際のポイントは、まず作ってみることです。ざっくりとした金額でもかまいませんので、ひとまず作成してみてください。するとおおまかな家計バランスがわかります。この時点で純資産が大きくプラスであれば、厳密な資金管理をしなくても家計はしばらく好調でしょう。

しかし純資産が大きくマイナスであれば、より正確な金額で再作成することをおすすめします。とくに負債について正確に把握し、今すぐ削れる部分がないかを確認してみるといいでしょう。

なお株式や投資信託、不動産など価値が変動する資産は、そのときの「時価」を調べて記載します。掛け捨ての生命保険は含めなくてもよいですが、解約時にお金が返ってくる終身保険などは、その解約返戻金を資産に記載してください。

家を購入したばかりならば、住宅ローンが大きな負債になっていると思います。これは計画的に減少させる負債なため、そこまで問題視しなくてもいいでしょう。しかし、長期間住宅ローンを借りているのになかなか負債が減らない場合は、貸付金利を下げる「借り換えローン」を検討するといいかもしれません。住宅ローンに関しては、P.98で説明しています。

家計の純資産（資産ー負債）のイメージ

資産 ▶ 預金 200万円
負債 ▶ なし
純資産 ▶ 200万円

Aさん

資産 ▶ 預金、自宅など 3000万円
負債 ▶ 住宅ローン 2800万円
純資産 ▶ 200万円

Bさん

家計のバランスシート（例）

資産		負債	
普通預金	70万円	住宅ローン	2800万円
定期預金	100万円	自動車ローン	
社内預金	50万円	教育ローン	
株式	20万円	クレジットカード未払い金	
投資信託		負債合計（b）	2800万円
終身保険	60万円		
不動産（自宅）	2700万円	**純資産**	
自動車		(a)−(b)	200万円
資産合計（a）	3000万円		

借入金は元本残額を調べる

ここがマイナスなら「債務超過」

株式は時価、保険は解約返戻金、不動産は売却見込み額を調べる

13 お金の専門家「ファイナンシャル・プランナー」に相談

お金について相談したいときは、お金の専門家である「ファイナンシャル・プランナー」が頼りになります。

 お金の専門家「ファイナンシャル・プランナー」とは

お金について相談する際は、まず銀行に行く方が多いかもしれません。しかし銀行は基本的に「取引の場」なため、家計のやりくりやライフプランの作成などについて相談できる機会は少ないでしょう。

お金全般に関して相談を受けつけているのが「ファイナンシャル・プランナー(FP)」です。FP は、お金に関するさまざまな知識を持っており、あなたの夢や目標を叶えるために総合的な資金計画を立て、経済面から実現に導く専門家です。CFP や AFP など上級資格を保有している FP ほど、専門性が高いといえます。

FP は銀行や証券会社など企業に属している方だけでなく、個人で開業し中立な立場を保つ独立系 FP も存在します。また近年、相談業務だけでなく株式や債券などの販売仲介も行える「IFA(Independent Financial Advisor)」も増加しており、お金の専門家にも多様性が広がっています。

FPに相談するときのコツ

独立系FPに相談しようと思ったら、まずは相談する相手を探します。FPの知り合いがいない場合は、日本FP協会の公式サイトにある「CFP®認定者検索システム」を使用すれば、最寄りで活動しているCFPを簡単に探すことが可能です。信頼できる知人に、付き合いのあるFPを紹介してもらうのもいいでしょう。

FPを決める際のポイントは、あなたが相談したい内容を得意としているかが大事です。金融の知識は非常に幅があるため、家計相談を得意とするFPもいれば、資産運用のプロフェッショナルとして活動しているFPもいます。相談したい内容に詳しいFPを探して、連絡を取ってみましょう。

FP相談は、相談時間に応じて相談料がかかります。料金にはばらつきがあり、初回相談は無料のケースもありますので、相談前に確認しておくと安心です。

FPが対応する相談テーマの例

家計管理
- 日々の家計管理
- 将来のための貯蓄方法

教育資金
- 教育資金の準備方法
- 奨学金の活用

住宅資金
- 住宅ローンの借り方
- 住宅ローンの繰上げ返済と借換え方法

税制
- 医療費控除や配偶者控除などのしくみ
- 所得税などのしくみ

介護・医療費
- 介護費用の準備方法
- 介護保険制度のしくみ

老後の生活設計
- 老後の生活資金の準備方法
- 老後の生活設計方法

年金社会保険
- 公的年金制度のしくみ
- 社会保障制度のしくみ

資産運用
- 退職金の運用方法
- 投資信託などの金融商品のしくみ

保険
- 保険のしくみ
- 必要な死亡保障医療保険の考え方

相続・贈与
- 遺言や相続に関する準備方法
- 子や孫への資金贈与

第 2 章

お金を稼ぐ・納める

1 さまざまなお金の稼ぎ方

会社に勤務する場合、さまざまな雇用形態があり、メリット・デメリットがそれぞれ異なります。

多様化する働き方

社会に出て働き、収入を得る際の雇用形態は正社員、契約社員、派遣社員、パート・アルバイトなどがあります。雇用が安定していて、長期的に勤務しやすいのは正社員です。契約社員や派遣社員は、一定期間で雇用契約を更新する必要があります。パート・アルバイトは月給ではなく時給や日給で収入が定められており、時間単位で働くケースが多いです。

近年は働き方にも多様性が広がり、会社に雇用されるのではなく、自営業やフ

雇用形態の違い

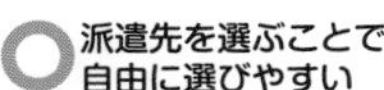

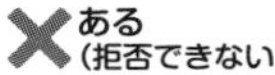

	派遣社員	パート・アルバイト	契約社員	正社員
勤務時間	○ 派遣先を選ぶことで自由に選びやすい	○ 自由に選べる	✕ 契約で定められた時間	✕ 就業規則に定められた時間
転勤	○ 派遣先を変えない限りなし	○ ない	△ ない（契約による）	✕ ある（拒否できない）

リーランスとして働く方も見受けられます。会社に所属しないため自由がある半面、安定した仕事獲得に努力が必要です。

それぞれの働き方のメリット・デメリットを知り、あなたのライフスタイルに合った働き方を選択するといいでしょう。

性別や学歴によって「生涯年収」が変わる

人が一生涯に得る「生涯年収」は、実は性別や学歴などによって、大きな違いが出ています。最も高収入なのは、大学・大学院出身の男性で、平均生涯賃金は2億7000万円。同じ大学・大学院出身でも女性だと2億2000万円と、5000万円も減少します。この原因としては、正社員として雇用されている割合や、管理職に就く割合が、男性のほうが女性よりも高いことが挙げられます。

これはあくまで参考値にすぎませんが、自分の生涯年収を知る手がかりになるでしょう。

一方近年、共働き家庭が専業主婦（主夫）のいる家庭の約2倍に増え、女性でもフルタイムの正社員として働く方が増加しつつあります。雇用状況に男女差がなくなるほど、この年収格差も狭まってくるのではないでしょうか。

性別、学歴別の収入

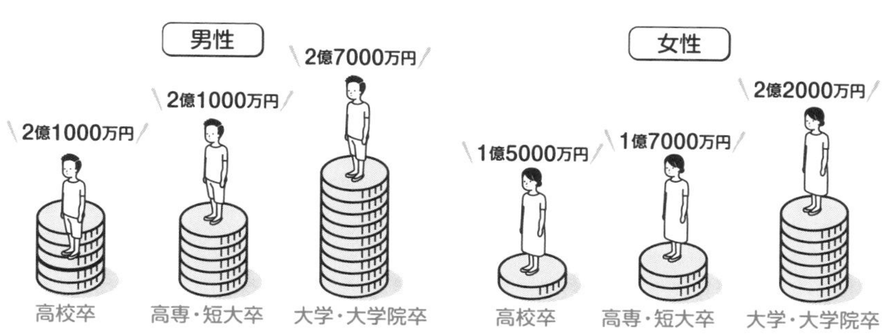

2 会社員として働く

会社員は会社に所属して働き、給与をもらいます。会社員としての働き方を、改めて考えてみましょう。

 会社と契約して働く「会社員」

会社員とは、会社と雇用契約を結んで労働する働き方です。会社員はその時間や体力、知力などを会社に提供し、その対価として、企業は会社員に給与や賞与を支払います。

また会社員は、厚生年金保険や健康保険などの「社会保険」に加入し、保険料を支払います。しかし、会社が半分負担しています。詳しくはP.112で解説しています。

会社員として働くメリットは、収入が安定しており、時間外労働や深夜残業などに手当がある点、労働時間や休日が雇用契約で決まっていて、有給休暇も取得できる点など、多岐にわたります。

一方で、固定給が基本なので短期間での大幅な収入増加は見込みにくく、会社の方針に沿って業務を行うため、仕事上の自由度が比較的少ないなどのデメリットもあります。とはいえ、会社員の雇用・収入の安定性はピカイチです。

企業活動と会社員

視点を変えて、企業活動と会社員の関係性も確認してみましょう。企業は事業を推進するために会社員を雇用し、消費者に向けてモノやサービスを提供します。消費者の払ったお金は企業の売上となり、その一部は会社員の収入として還元されます。

企業活動を通してモノやサービスなどの「価値」が生み出され、それが消費者に移行することで「お金」に変わるのです。

会社と労働者の関係

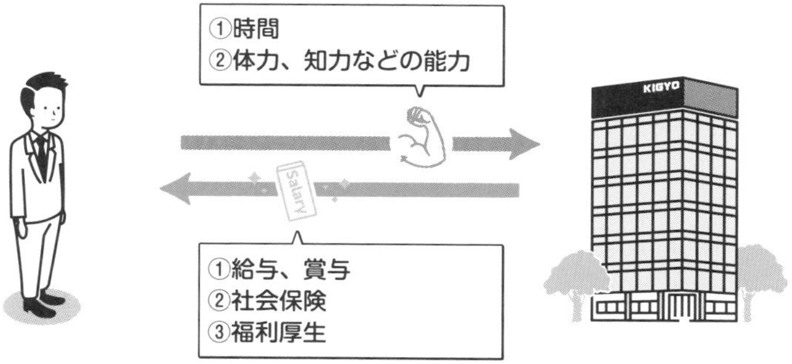

①時間
②体力、知力などの能力

KIGYO
Salary

①給与、賞与
②社会保険
③福利厚生

顧客と会社と労働者の関係

KIGYO
モノや
サービス
お金
しくみに貢献
給料
顧客
企業
社員

3 「収入」と「所得」について知ろう

「収入」と「所得」。同じような言葉ですが、実は違いがあるのです！

 「収入」と「所得」はなにが違う？

よく似ている「収入」と「所得」という言葉には、実は大きな違いがあります。「収入」とは、１年間に勤務先から受け取った収入そのもののことです。「年収」「額面年収」ともいいます。「所得」とは、収入から「必要経費」を差し引いたものです。給与をもらう人の必要経費はわかりにくいため、「給与所得控除」を経費担当額としています。これは給与の総支給額（年収）から算出する金額です。当然、金額は収入よりも所得のほうが少なくなりますが、手取り年収とは異なります。この収入は「給与収入」、所得は「給与所得」ともいいます。

では毎年払っている所得税や住民税は、収入と所得のどちらを元に計算されるのでしょうか？

答えは所得です。給与を受け取っている方ならば、給与所得から社会保険料控除などを差し引いて残った「課税所得」の金額に、課税所得額により決まる所得税の税率をかけると、所得税が算出できます。

また住民税の金額は、課税所得額を元に算出された「所得割」と、全員が同一額の「均等割」を足し合わせて計算されています。

課税所得と所得税計算のしくみ

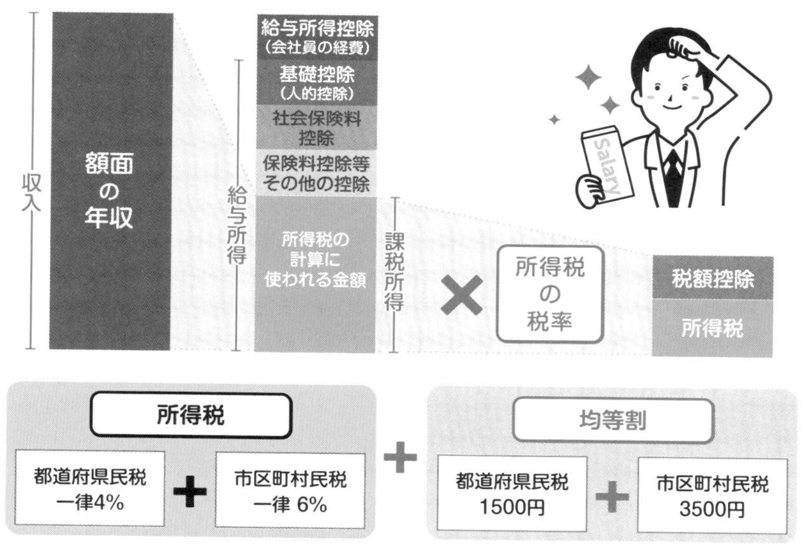

所得割額の計算式

（前年の総所得金額等 － 所得控除額）× 税率（10%）－ 税額控除額

 「収入が高いほど裕福」は間違い!?

収入は多ければ多いほど豊かな生活が送れるはず！　と思いやすいですが、日本の所得税は、所得の高い方ほど税率が高くなる「累進課税制度」が採用されています。つまり、所得が高くなるほど納税する割合が高くなり、その税負担は生活を圧迫してしまう可能性があるのです。

そこで皆さんに知っていただきたいポイントは「いかに課税所得を抑えるか」。税制度を十分に理解し、所得控除などの節税につながる制度をしっかり活用するといいでしょう。

4 給与明細と賞与明細の「読み方」

勤務先から毎月もらう給与明細や、半期ごとに受け取る賞与明細。この明細書には実はたくさんの事柄が記載されています。

給与明細にはすべてが詰まっている!?

勤務先から毎月発行される給与明細ですが、「実は額面金額と振込金額しか見ていない……」という方も多いのではないでしょうか。給与明細は実は、資金管理に重要なデータの宝庫です！　なにが書いてあるのかをお伝えしましょう。

最初に押さえておきたいのは、明細書全体のしくみです。明細書は、もらえる金額が書かれた「支給欄」、差し引かれる金額が書かれた「控除欄」、総支給額から総控除額を差し引きした「差引支給額（手取り収入額）」という大きく３つの

給与明細のしくみ

支給額

基本給・残業代・手当

－

控除額

社会保険料・雇用保険料・所得税・住民院・その他

＝

手取りの給料

部分に分けられます。

支給欄には、基本給や通勤手当、時間外手当などの金額が書かれています。まれに昇級後など基本給や手当が変更された際に、データが修正されていないことがありますので、必ず確認しておくと安心です。

控除欄には、健康保険料や年金保険料などの社会保険料や、所得税や住民税といった税金の金額が記載されています。支給欄と控除欄の差額が「手取り額」となります。

給与は勤務先との雇用契約により、あらかじめ受け取れる金額が判明しています。一方、賞与は会社の業績によって変動するため、確実に受け取れるわけではありません。業績が安定している企業や公共団体、公務員などでボーナス支給が定められている場合は、ボーナス見込額をマネープランに織り込んでもいいですが、業績やそのときの景気などの影響を受け、減ることもあります。不安定な場合はプランには書かず、あくまで「臨時収入」ととらえておくと安心です。

給与明細の例

総合法令出版株式会社
20xx年10月分

給与支給明細書

社員番号　0022
氏名　法令太郎

勤怠	就労日数	出勤日数	残業時間			
	22	22	0			

支給	基本給	職務手当	通勤手当	時間外手当	家族手当	資格手当
	180,000	0	13,000	30,000	0	0

控除	健康保険	厚生年金	雇用保険	介護保険	所得税	住民税
	10,000	20,000	700	0	5,000	8,000

総支給額
223,000

控除合計額
43,700

差引支給額
179,300

5 「税金」ってなんだろう？

生活のさまざまなシーンで、いくどとなく支払っている税金。その役割を知っておきましょう。

税金は「支払い、返ってくるお金」

私たちは生活の中で、さまざまな税金を納めています。例えば、夕食の買い出しに行ったら消費税を、給与を受け取って所得税や住民税を支払います。お酒を買ったら酒税、まとまったお金をもらったら贈与税。税金にはこのように実に多くの種類があるのです。

こうして集められた税金は、国民が「健康で豊かな生活」を送るために国や地方自治体が行う活動の「財源」となります。

もし税金がなかったらどうなるのでしょうか？　医療費は全額自己負担になり、救急車は毎回乗車料を支払わないと利用できず、退職後はすべて自分で貯めた預貯金で生活しないといけません。市区町村の役所や公共バスなどもなくなるでしょう。このように税金は非常に重要なお金です。だから国民は憲法で「納税の義務」を負っているのです。

マネープランを考えていると、つい「税金＝コスト」と思いやすいですが、法律で認められた方法で税金を節約する「節税」と、違法に税金を納めない「脱税」は異なります。しっかりと節税していきましょう。

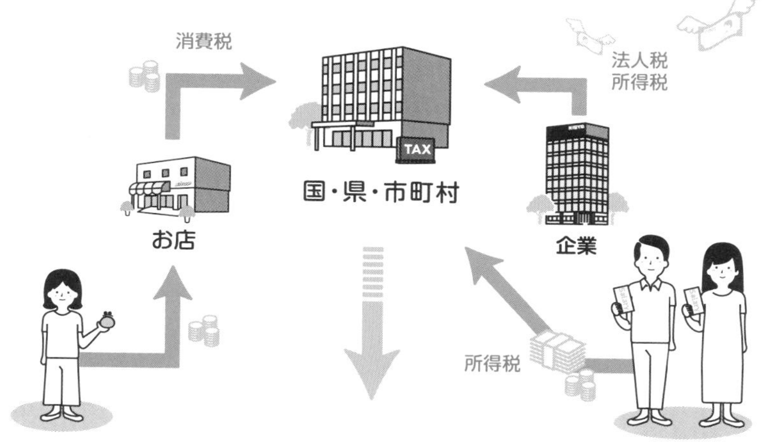
税金の流れ
消費税
法人税
所得税
TAX
国・県・市町村
お店
企業
所得税

もしも税金がなかったら……
救急車が有料に
¥
請求
医療費がすべて自己負担に
¥
＋受付
請求
ごみ収集が有料に
¥
請求
交番が有料に
¥
請求

6

「税金の種類」を知ろう

税金は多くの種類があり、「国税」や「地方税」、「直接税」や「間接税」などに分けられます。

税金の合計額はなんと「100兆円」

税金には国に納める「国税」と地方自治体に納める「地方税」があり、これらは46種類にも及びます。最新の予算では、国税と地方税を合わせた金額は100兆円以上です。税金をまとまると、こんなにも大きな金額になるのです。

税金の内訳

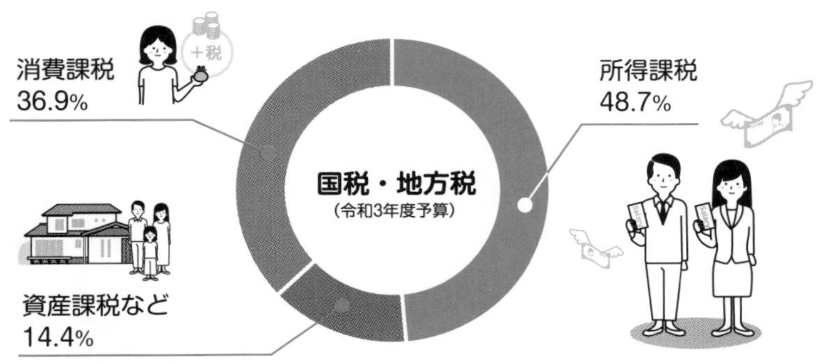

税金は「直接税」と「間接税」に分けられる

種類の多い税金ですが、これらは直接的に差し引かれる「直接税」と、間接的に差し引かれる「間接税」とに分けられます。見分けるポイントは、税金を払う人と納める人が同一かどうか。同一ならば直接税、同一ではない場合間接税です。

例えば直接税には、給与から引かれる所得税や住民税、お金を受け取った際に納める相続税や贈与税などが該当します。会社員の所得税は例外的に会社が納付していますが、本来は直接支払うものなので直接税に当たるのです。

代表的な間接税といえば、モノやサービスに対価としてお金を払ったときに引かれる消費税。もしお米を購入した場合、消費者はお米を販売したスーパーに消費税を支払い、そのスーパーが最終的に消費税を納付しています。

税金の種類

		直接税		間接税	
国税		所得税 相続税	法人税 贈与税	消費税 揮発油税 たばこ税 印紙税	酒税 航空機燃料税 関税 登録免許税
地方税	都道府県税	都道府県民税 自動車税 固定資産税	事業税 環境性能割 不動産取得税	地方消費税 ゴルフ場利用税	都道府県たばこ税 軽油取引税
	市町村税	市町村民税 軽自動車税	固定資産税 事業所税	市町村たばこ税	入湯税

7 押さえておきたい「控除のしくみ」

所得税や住民税を低く抑えるためには、「控除のしくみ」をしっかり学ぶ必要があります。

「控除」ってなに？

Aさんと Bさんはどちらも年収 800 万円ですが、Aさんのほうが年間の所得税や住民税が高かった。そんなことが実はよく起きています。

その原因が、所得から差し引くことができる「控除」の存在です。収入が多かったとしても、所得控除を上手に活用すれば、かかる税額を少なくできます。節税したい方は、「控除マイスター」になるといいでしょう！

「所得控除」と「税額控除」

個人の所得税や住民税の計算に影響する控除は、大きく分けて2種類あります。それは「所得控除」と「税額控除」です。

所得控除とは、所得税や住民税を計算するときに、その人の1年間の所得金額から一定額を差し引ける控除のことです。所得控除は種類が多く、要件に当てはまる場合に利用できます。詳しくは P.58 で紹介します。

税額控除は、所得金額から所得控除額を引いた課税所得額に税率をかけて計算した所得税額または住民税額から、直接差し引くことができる控除のことです。税額控除の中で利用しやすいのは、住宅ローンを組んで家を購入した際に利用できる「住宅ローン控除」や、認定 NPO 法人や公益社団法人等に寄付をした際の「寄付金特別控除」などがあります。ただし、所得控除の中で「寄付金控除」の適応を受けた場合は、利用できません。

近年メジャーになった「ふるさと納税」は、同じ寄付金でも「寄付金控除」に該当する所得控除の一種です。ふるさと納税も住民税から税額控除されます。詳しくは P.60 で説明します。

課税所得を減らす方法

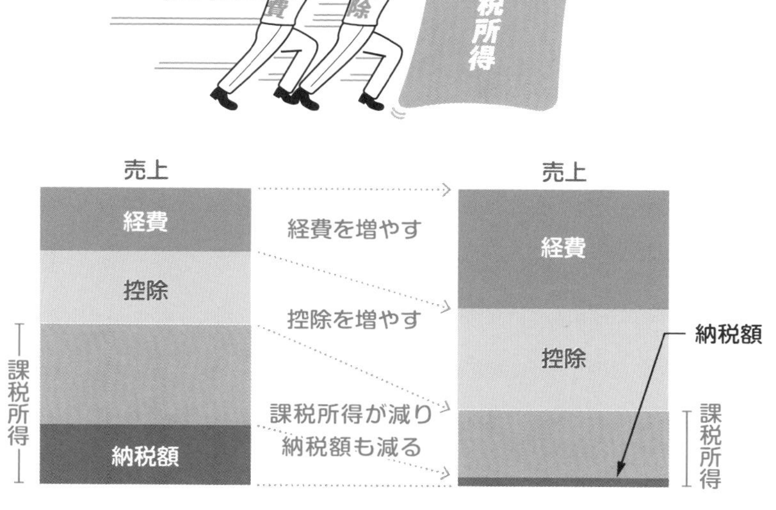

8 「所得控除」をフル活用！

節税に大きく影響する「所得控除」。実は多くの種類があるのです。

「人的控除」と「物的控除」

所得税や住民税の節税につながる「所得控除」。**この所得控除は「人的控除」と「物的控除」の２つに分かれます。**

まず人的控除は、納税者の個人的な事情に配慮するための控除です。「配偶者控除」や「扶養控除」など、家族に関する項目が多く見られます。

次に物的控除は、社会的な観点から見て配慮するための控除です。おもな物的控除は、「生命保険料控除」や「社会保険料控除」、「医療費控除」や「小規模企業共済等控除」などが挙げられます。

こうした所得控除をしっかり活用するコツは２つあります。

まずはどんな控除内容があるのかを理解すること。控除内容さえ知っていれば、活用できる機会が自然と増えます。

次に、控除が利用できるような行動を取ること。例えば将来の老後資金を作るためにiDeCoに支払った掛け金は、全額を「小規模企業共済等掛金控除」で控除できます。また、生命保険料は「生命保険料控除」で控除できます。生命保険料控除は「一般生命保険」「介護医療保険」「個人年金保険」に分けて控除が受けられます。医療費が世帯で10万円を超える方は、医療費を支払った際の領収書を保管しておけば、医療費控除の対象になります。

なにで所得控除がされるかを知り、活用する。これを心がけてみてください。

また所得控除と似ているものの、全く違うのが「給与所得控除」です。給与所得控除は給与収入の「経費」に当たり、収入に合わせた割合で、給与所得者全員が控除を受けられます。対して所得控除は、自分で申告しなければ収入から差し引いてもらえません。控除できる金額が多いほど、税金計算の対象となる「課税所得」が下がり、所得税を少なくできるのです。

所得控除の種類

	種類	おもな要件	控除額
人的控除	基礎控除	要件なし。納税者全員に適用される	38万円
	扶養控除	生計を一にする16歳以上の親族がいる 該当する親族の年間所得38万円以下 納税者が扶養している	38万～58万円
	配偶者控除	生計を一にする年間所得38万円以下の配偶者がいる	38万円
	障害者控除	本人が一定の障害者または扶養する配偶者や親族が障害者	27万円 ※特別障害者は40万円
物的控除	医療費控除	本人、生計を一にする配偶者と親族の医療費を支払った場合 ※医療費に対して受け取った保険金は差し引かれる	A 医療費－10万円（海上200万円） B 医療費－（合計所得×5%） ※所得全額等が200万円未満の場合
	生命保険料控除	一般生命保険料、介護医療保険料、個人年金保険料を支払った場合	上限10万円※2011年末までに保険を契約した場合 上限12万円※2012年以降に保険を契約した場合
	社会保険料控除	社会保険料（国民年金保険料、国民健康保険料など）を支払った場合	支払った金額の全額
	雑損控除	災害や盗難・横領などで財産を損失した場合	A 差引損失額－（総所得金額等×10%） B 災害関連支出額－5万円 ※AかBの多いほう

9

「寄付金控除」を使ってみよう

寄付金控除のひとつである「ふるさと納税」を紹介します。よりよい生活のヒントになるかもしれません。

 「ふるさと納税」

ふるさと納税は、「納税」という言葉がつきますが、実際は自治体に寄付をする制度です。寄付をすると確定申告で、寄付金額から2000円を除いた金額が所得税や住民税から控除されます。5自治体以内の寄付であれば、「ワンストップ特例制度」という確定申告不要の制度も使えます。これは、手続きをするだけで、寄付額から2000円を除いた金額すべてを住民税から控除する制度です。2000円を超えた金額すべてを控除の対象にするには、収入や家族構成によって上限があります。

これだけを見ると、自分の住民税額の一部を好きな自治体に回しているだけのように見えますが、実は大きな魅力があります。それは寄付をした自治体から、寄付額の3割以内の特産品（例えば米や肉、魚や果物など）がいただけるというところです。災害被災地の寄付やクラウドファンディングなども扱っており、本来居住地の自治体に納める税額の一部を、自分が応援したい活動に送ることができるのです。

「ふるさと納税」のやり方

では、実際にふるさと納税をするとき、どのように行うのでしょうか。5自治体以内の寄付で利用できる「ワンストップ特例制度」でのやり方を紹介します。

①ふるさと納税をする自治体を決める

まずは、ふるさと納税をする地方自治体を決めましょう。自治体のホームページやふるさと納税のサイトでは、返礼品など詳しい情報が掲載されています。

②自治体に寄付を申し込む

ふるさと納税をする自治体を決めたら、申し込んでみましょう。自治体に直接申し込むか、ふるさと納税サイトを通じて申し込むことができます。このとき、「ふるさと納税ワンストップ特例の申請書」の有無を問われるので、「有」にチェックします。次に説明する「受領証」と共に送られてくるので、必要事項を記入し、必要書類を同封して翌年1月10日までに返送します。自治体に直接申し込む場合は、各自治体のフォーマットがあるのでそれを作成しましょう。ふるさと納税サイトから申し込む場合、サイトによってはクリックひとつで自動的に申請書を作成・提出することができます。

③返礼品と寄付金受領証明書を受け取る

自治体から返礼品が届きます。また寄付金の領収書である「寄付金受領証明書」も届きます。これは返礼品に同封されていたり、返礼品とは別に送られてきたりします。

もし、ふるさと納税ワンストップ特例制度を利用しない場合、寄付金受領証明書は確定申告時に必須の書類です。なくさないように注意しましょう。

10 課税を減らす方法「損益通算」

収入の種類によっては、赤字が出た場合に黒字と相殺できる「損益通算」が利用できます。

「損益通算」と、損益通算できる所得の種類

損益通算とは、赤字と黒字の所得を相殺することです。複数の種類の所得がある方は、この損益通算によって所得税や住民税が下げられる可能性があります。

損益通算の対象となるのは「不動産所得、事業所得、譲渡所得、山林所得」から出た赤字です。例えば副業で不動産投資を行っている方が赤字を計上した場合、会社から得ている給与所得と相殺することができます。また個人事業を行っているフリーランスや自営業者であれば、事業所得をそのほかの所得と相殺可能です。

損益通算のしくみ

	不動産所得、事業所得、山林所得、譲渡所得の損失		その他の所得の損失
損失の内容	以下にあてはまる損益通算の対象外になる損失か？ ①生活に必要ではない資産の損失 ②譲渡所得の損失 ③一般の株式の譲渡や株券などの損失 ④先物取引の雑所得などの損失		↓
	NO	YES	
取扱い	損益通算できる	損益通算できない	

この損益通算を活用して節税するために、副業をはじめる方もいるかもしれません。それほど損益通算は有効な節税手段なのです。

赤字が数年間繰り越せる「繰越控除」

「繰越控除」とは、その年の赤字が黒字よりも大きい場合に、翌年以降に赤字を繰り越し、翌年以降の黒字から差し引ける制度のことです。繰越控除は、最長３年間有効です。大きな赤字が出てしまった場合でも、最長３年間は税金が軽減できるため、生活面や事業面で負担が軽くなるでしょう。

なお、この損益通算や繰越控除は、必ず確定申告をする必要があります。確定申告をしなければ赤字を黒字から差し引けず、税金面で損をしてしまいますので、申告手続きを忘れないようにしましょう。

繰越控除の例

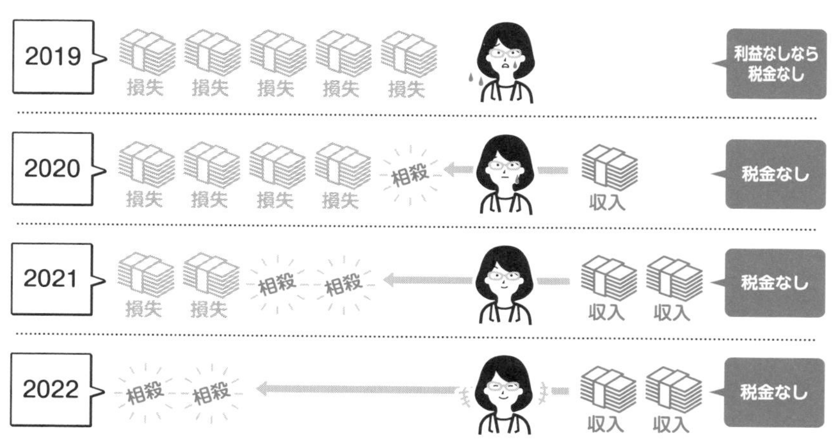

11 会社員の納税スケジュール

会社員は基本的に給与から税金が天引きされています。その納税スケジュールはどうなっているのでしょうか？

会社員の所得税・住民税、いつ引かれるの？

会社員は勤務先と雇用契約を結んでいるため、基本的には納税に関しても会社を通して行っています。給与明細書を見れば、所得税や住民税の金額がわかるでしょう。

所得税と住民税は、実は税額計算の元となる所得額や、支払いのタイミングが異なります。

まず所得税は、毎月の給与収入から控除されます。その税額は毎月の収入額と扶養者数をもとに、源泉徴収税額表によってざっくりと決められ、年末に行われる「年末調整」で精算されます。多く払いすぎた分は 12 月もしくは 1 月の給与と共に返金されます。つまり**所得税は「先払い」している税金**なのです。

また住民税は毎月ほぼ同額を支払います。しかし所得税と違い、その税額は「前年の所得」を元に算出され、12 カ月に分けて支払います。住民税が引かれるのは、毎年６月～翌５月です。よって**住民税は「後払い」の税金**といえます。

例えばその年の給与収入が前年よりも大きく増えた場合、所得税はその年からすぐに増えますが、住民税は翌年６月から増加するのです。

ビジネスパーソンの納税カレンダー

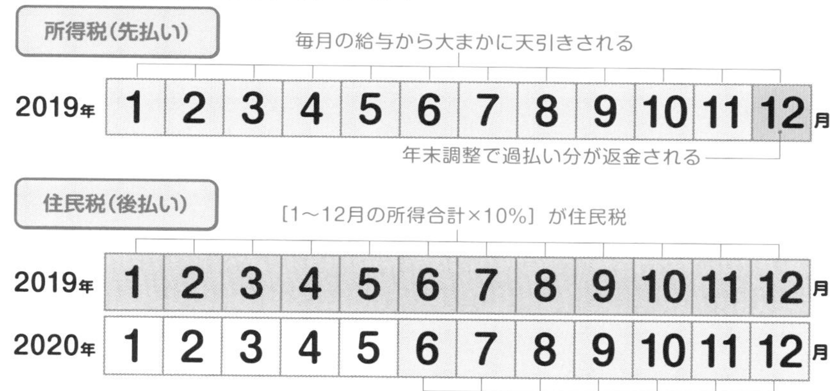

住民税を自分で納付する場合のスケジュール

住民税は、勤務先が天引きする「特別徴収」と、自分で納付する「普通徴収」という２種類の納税方法があります。会社員は多くの場合、特別徴収で納税しますが、派遣社員やパート・アルバイトなどは、会社に雇用されていたとしても自分で住民税を納付するケースが多いでしょう。

住民税の金額は、毎年６月上旬ごろに居住地の自治体から送られる「住民税課税決定通知書」で確認できます。

この住民税課税決定通知書で見るべき欄は「所得」「所得控除」「税額」部分です（各自治体によって呼称は異なります）。前年の所得や所得控除に誤りがないか、必ず確認するのをおすすめします。

自分で納付する方には、住民税の納付書も同封されていますので、納付期限に間に合うように適宜納付しましょう。

12 「年末調整」と「特別徴収」

会社に勤めると、毎年11月ごろに「年末調整」の用紙が配られます。この年末調整でなにが行われているのか、知っておきましょう。

会社員の特権？ 「年末調整」

社会で事業活動などを行ったり、株式や不動産などの資産を所有したりして収入を得ている方は、基本的に「確定申告」が必要です。確定申告を行わないと「納税の義務」が果たせず、税務署より指導されてしまいます。しかし会社員は会社に「年末調整」を行ってもらえれば、確定申告が原則不要になります。

年末調整とは、会社員に給与を支払っている会社が、その年に給与から差し引いた所得税の合計額と、本来納付するべき所得税額とを比較し、過不足額の精算を行うことです。

年末調整の対象者は、会社に1年をとおして勤務している方や、年の途中で働きはじめて年末まで勤務している方です。つまり正社員だけでなく、契約社員やパート・アルバイト、業務委託者なども含みます。ただし、自分で確定申告する方の年末調整は省略可能です。

年末調整はおもに会社側が手続きしますが、働いている方が提出する書類もあります。おおむね全員が提出するのが、「給与所得者の扶養控除等（異動）申告書」と「給与所得者の基礎控除申告書 兼 給与所得者の配偶者控除等申告書 兼

年末調整とは

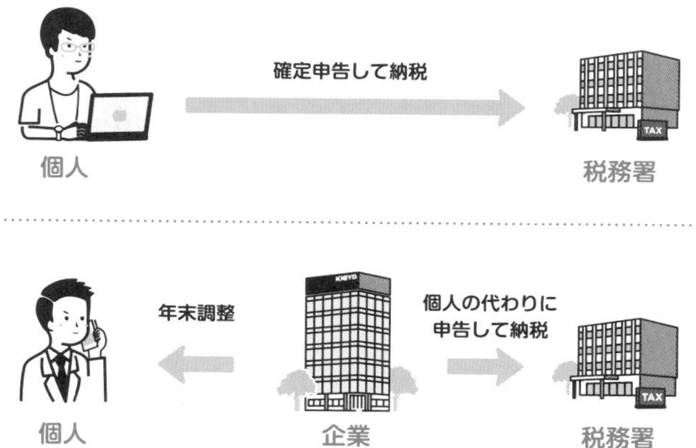

所得金額調整控除申告書」の２つです生命保険料控除も利用したい方は「給与所得者の保険料控除申告書」と、保険会社から 10 月以降に送られてくる「控除証明書」の提出も必要です。詳しくは勤務先から届く案内を確認しましょう。

 便利な「特別徴収」

住民税の「特別徴収」とは、本来ならば自分で納付するはずの住民税を、「特別徴収義務者」である勤務先の会社を通して納税するしくみです。この特別徴収は、自分が税務署に行かなくても納税できるため便利です。しかし一方で、特別徴収の利用は、地方税法で定められている義務でもあり、会社に勤務する従業員は原則、特別徴収によって住民税を納付しないといけません。

ただし、会社の総従業員数が２名以下である場合や、従業員が他社で特別徴収をしている場合、５月 31 日までに退職する予定がある場合など、特別徴収しなくてもいいケースもあります。

13

副業者は「確定申告」が必要？

日頃年末調整を行っている方でも、副業をはじめたら確定申告を行う必要があるかもしれません。確定申告の流れを簡単に理解しておきましょう。

納税の基本である「確定申告」

「確定申告」とは、その年の税額を確定させる手続きのことで、収入や支出、課税所得額などを取りまとめて税務署に申告し、所得税を納税することです。基本的に毎年2月16日～3月15日の間に申告します。

会社に勤務しているだけならば、年末調整によって所得税支払いが完結します。しかし、給与の年間収入金額が2000万円を超える方や、副業などにより給与を2カ所以上から受けている方、給与収入ではない副収入の所得が20万円を超える方などは、確定申告が必要です。

副業されている方の確定申告はどのような流れで行われるのでしょうか。

まずは年末におもな勤務先で年末調整を行い、翌年2～3月の確定申告期間内に確定申告をします。所得税が追加で発生する場合は、そのタイミングで納付します。確定申告で副業に関する経費などを計上すると、所得税が軽減される可能性もあります。その場合は申告から2週間～1カ月程度で、税金が還付されます。

副業者が確定申告をすると、住民税額が変わるため、勤務先に副業が知られてしまいます。もし副業による収入が給与収入ではないのであれば、確定申告時に住民税の納め方で「普通徴収」を選択しましょう。すると自分で納めることができます。給与収入の場合は原則、会社の特別徴収にまとめられます。副業分だけ普通徴収に切り換えられるかどうかは、自治体によって異なります。

「青色申告」と「白色申告」

確定申告をする場合、「青色申告」か「白色申告」のどちらかで行います。青色申告を選択すると、最大65万円の特別控除枠ができるため、より多額の節税が可能です。しかし、事前に申請が必要であったり必要書類が多かったりと、手続きが煩雑(はんざつ)になりがちです。簡単に申告したい方は白色申告を選びましょう。

副業の確定申告の手順としくみ

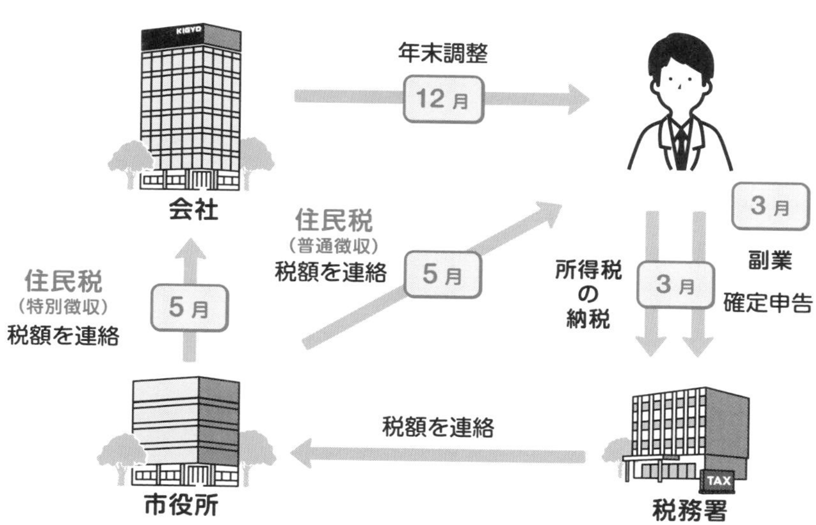

14 副業の種類はこんなにある！

近年、本業以外に「副業」を行う方が増加しています。副業にはどのような種類があるのでしょうか。

 副業は「ほしい金額」で決める

本業以外に収入を得られる手段が多様化しています。自分に合う副業はどうやって見つけたらいいのでしょうか？

最初に考えるべきなのは「副業によっていくら稼ぎたいか」、「副業にどれくらい時間をかけられるか」ということです。

副業はその内容によって得られる報酬や、収入を得るまでにかかる時間、コストが大きく異なります。例えば本業の休日を活用したアルバイトならばコストはほとんどかからないものの、稼働時間が少ないと期待できる収入も多くはありません。一方、株式投資であれば、10万～30万円程度のお金を用意する必要があります。選んだ銘柄と売買のタイミングによっては損をする可能性も出てきます。短期で利益を狙うことは投機的なものになりやすいため、副業としてはおすすめできません。

どのような副業も「一長一短」です。自分に合った副業を探すようにしましょう。

副業の種類は豊富

副業はさまざまな観点から分類できますが、３つに分けて紹介します。

まずは「アルバイトやパートなどの副業」です。本業以外の時間を活用してほかの会社に勤務し、副収入を得ます。本業に関係のない仕事を選ぶ方や、本業でのスキルを生かして働く方がいます。元手ゼロで働けるのがメリットですが、労働時間が長いと体力を消耗し本業に差し障る可能性もあるため注意が必要です。

そして「個人事業・ビジネス」です。自分の持つスキルや趣味などを生かして物品やサービスを販売し、報酬を得ます。取り組む事業にもよりますが、大きな収入が得られるまでは時間がかかる傾向にあります。しかし、実力によってはまとまった収入も期待できるでしょう。

「投資」を副業にと考えるのであれば、まずは軸となる資産を投資信託の積立などでしっかり作ってから、それ以外の一部でするようにしましょう。投資にはリスク（不確実性）があり、利益を出せる可能性もありますが、損をする可能性もあります。確実にもうけが出せるものではないため、資産の軸がしっかりしていない人は、副業として手を出すべきではありません。

あなたがほしい金額によってやり方は変わる

15 転職・退職時にお金がかかる!?

勤務先を退職する際は、退職金をもらえることがありますが、この退職金にも実は税金がかかります。転職・退職時にかかるお金について知りましょう。

 退職金にかかる税金とは

勤務先を退職する際、雇用契約の内容によっては退職金が受け取れます。この退職金は「退職所得」といい、特別な計算式によって税金が計算され、退職金から控除されるのです。「せっかくの退職金なのに税金がかかるのか」と思ってしまうかもしれませんが、退職金は「長く勤務した報酬」という意味合いがあるため、「退職所得控除」が設けられていたりほかの所得と分けて課税されたりと、税額を軽減できるような工夫がされています。よって通常の給与収入よりも有利な条件で受け取れるのです。

退職時には、会社の労働組合に積み立てていたお金や、会社の財形貯蓄で積み立てていたお金なども戻ってきます。多くのお金を手にした場合、その使い道もしっかり検討しておくと節約につながるでしょう。

 再就職までの「空き時間」は支出に注意！

転職するとき、一度退職して時間を空けてから再就職する場合もあります。こ

のブランクが長く空くほど、思いがけない支出に注意が必要です。

会社を退職すると、会社の社会保険を脱退します。すると厚生年金は国民年金に切り替わり、健康保険は国民健康保険もしくは会社の健康保険に任意加入することになり、かつ住民税の特別徴収もなくなるので、これまで給与から天引きされていた社会保険料や住民税は、自分で支払うことになります。収入のないときでもこれらのお金はかかりますので、退職前にある程度の貯蓄を作っておくと安心です。もしくは、親やパートナーの「扶養」に入ることができれば、年金保険料や健康保険料を払う必要はありません。

一方で「もらえるお金」もあります。退職から再就職までの間、ハローワークで所定の手続きを行い、認められれば「失業給付（失業手当）」が受け取れるのです。しかし、自己都合で退職した場合などは３カ月程度の「待期期間」が設けられています。当面の生活費はやはり貯めておくといいでしょう。

退職金にかかる税金の計算方法

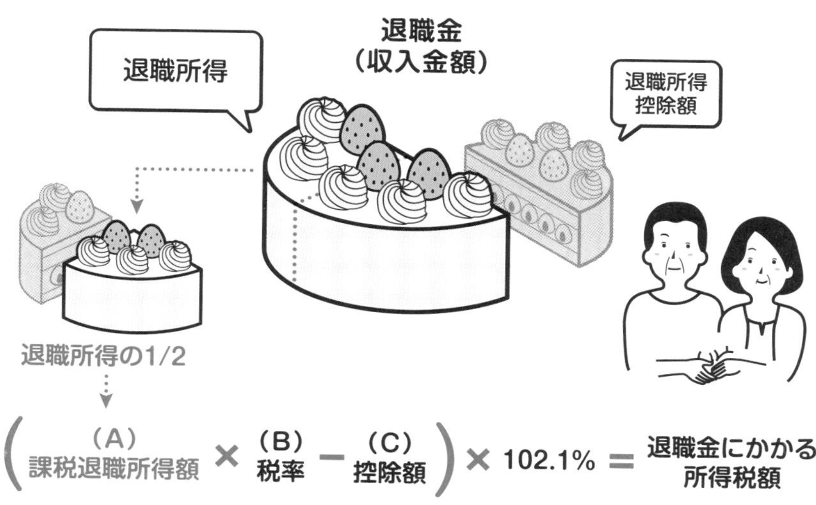

第3章

お金を貯める

1 誰にでもできる「貯蓄のはじめ方」

今後の生活に備えるために貯蓄をはじめよう！　しかし、なにからはじめたらいいのでしょうか？

貯蓄の第一歩は「貯める目的」から

今後の生活に向けて、今から貯蓄をはじめたい！　そう思ったらまずは「貯める目的」を考えてみましょう。ある程度限られたお金をやりくりして生活するため、「なんとなく貯める」では貯蓄が難しくなってしまうからです。

お金が必要になるシーンはさまざまです。これから結婚を控えている方は結婚費用が必要ですし、小さな子どもがいる方は子どもの学費を用意する必要があります。前述した「ライフプラン」を立てながら、まずはどんなお金が必要になるのか、最優先の貯蓄目的を決めましょう。

「老後資金」と「生活防衛資金」

皆さんが共通して必ず必要になるのは、「老後資金」と「生活防衛資金」です。老後資金は前述のとおり、老後の年金生活の足しにするためのお金です。生活防衛資金とは、自分や家族の大黒柱が万が一働けなくなったときや、大型災害などなんらかの理由によって生活が苦しくなった際に、数カ月～１年ほど生活できるような「予備費」のことです。

2020 ~ 2021 年のコロナ禍では、多くの業界が経済停滞や社会的混乱の影響を受け、休業を余儀なくされる業界・業種もありました。その結果、失業や大幅な収入減少なども発生しています。このような非常事態に備えるために、少しずつ生活防衛資金を蓄えていくと安心です。会社員ならば生活費の 6 ~ 12 カ月ほど、自営業ならば 12 カ月~ 3 年ほどが生活防衛資金の目安です。

お金を貯める理由

2

お金を貯める３ステップと節約術①

お金を貯めるのに必要なことはなんでしょうか？　まずは「お金を貯める３ステップ」と、スリムな家計になるための「節約術」をお伝えします。

「お金を貯める３ステップ」とは

お金を貯めるための具体的な方法を説明していきます。まずは大枠の流れである「お金を貯める３ステップ」を知りましょう。必要なステップは次のとおりです。

① **目標を決める**
② **現在の状況を知る**
③ **貯蓄術を選ぶ**

最初に必要なのは、理想のライフプランを描いて、まずはこの先どんなお金が必要なのかを考えることです。生活や趣味にお金をかけるような豪華な暮らしでも、必要なものを取捨選択して暮らすような慎ましい暮らしでもかまいません。まずは自分に合った将来を描き、貯蓄の目標を決めましょう。ライフプランの具体的な立て方はP.30で解説しています。

次に、日々の家計をざっくりとでもよいので書き出して、支出の全体像を把握

お金を貯める3ステップ

3 貯蓄術を選ぶ

します。そしてさほど必要ではない支出を見つけ、削除していきましょう。

支出の見直しによって「使えるお金」が増え、生活防衛資金となる貯金も貯まったら、それ以上のお金を運用して増やしていきます。資産運用に関しては、P.142 以降で詳しく解説しています。

この流れに沿って家計を見直せば、「貯まる体質」になること間違いなし！だまされたと思って実践してみてください。

支出は「固定費」と「変動費」に分けて対策する

節約をはじめるに当たって、まずは日々の家計の収入と支出をすべて書き出します。そして支出を、毎月決まった金額が必ずかかる「固定費」と、支出タイミングが流動的で金額が一定しない「変動費」の２つに分けます。固定費は毎月かかるコストなため、少しの削減が大きな効果を生みます。変動費は、無駄な支出を洗い出してコストカットするのが大切です。

支出を見直す際のポイントは「無理をしないこと」。例えば４人家族が無理に食費を低予算に押さえていると、食事を用意する方の手間が増えたり、日々の食事に楽しみがなくなったりします。また、変動費を削減するために趣味の旅行に行かなくなってしまったら、ストレスが溜まるでしょう。こうした無理な節約は長続きせず、いつかリバウンドしてしまうため、「無理しない範囲での節約」がおすすめです。

3

お金を貯める3ステップと節約術②

具体的な節約術を一挙公開！　取り組めそうなものから実践していきましょう。

固定費の節約方法

まずは固定費の削減から考えます。固定費は住居費や通信費、保険代などです。

住居費は手取り収入の約25％以内が適正です。例えば手取り月収30万円ならば月7.5万円、手取り月収50万円ならば月12.5万円以内です。今の家賃が高すぎる場合は、住み替えを検討してもいいかもしれません。

生命保険は入りすぎ、入らなすぎに要注意です。必要な保障だけをしっかりと持つようにしましょう。月数万円の保険代を支払っている方は、保険の入りすぎかもしれません。保険の見直し方法はP.122で解説しています。

近年負担が増加しているのが、通信料とサブスクです。通信料に家族で３万～４万円払っているという方もいますが、キャリアの格安プランや格安スマホに変更するだけで、１台あたり3000円以下に通信料を削減できます。私も７人家族でスマホを利用していますが、月約１万円で収まっています。

サブスクは月額費用を支払うサービスのことです。一度契約するとずっと利用できる分、使っていないのに支払いだけが残っているケースも散見します。契約しているサブスクのサービスを書き出し、不要なものは解約するといいでしょう。

変動費の節約方法

変動費は食費や光熱費、交際費、娯楽費などが含まれます。食費を削る工夫は大切ですが、品数を減らして栄養バランスが悪くなったり、自炊にこだわりすぎて調理に時間をかけすぎたりすると、心身の健康が悪くなってしまうこともあります。食材の無駄をなくす、買った食材はすべて使い切るというところからはじめ、適度にミールキットや外食、宅配サービスなども活用しながら、無理なく節約できる方法を検討しましょう。

光熱費は「電気・ガスの自由化」に伴い、電気・ガス会社を変更するだけで月数百～数千円程度のコストカットが可能です。また古すぎる家電を最新家電に買い替えたり、LED 電球や節水シャワーヘッドを利用したりすると、簡単に光熱費が抑えられます。長期的に見てお得になる方法で節約するのがおすすめです。

交際費や娯楽費は、完全になくすとストレスの元になってしまいます。ポイントは「減らす」ことです。会食に行く回数や、タバコやコーヒーを買う回数を減らすだけでも、月数千円の節約につながります。

日々の楽しみを損なわずに、無理なく節約できる方法は人それぞれです。さまざまな方法を試しながら、自分に合った節約法を採用してみてください。

4 銀行預金とタンス預金

銀行預金とタンス預金。どちらで貯蓄しておくといいのでしょうか？

「銀行預金」と「タンス預金」の違い

銀行に預ける「銀行預金」と、家に現金を置いておく「タンス預金」。現在は銀行預金を利用している方が一般的でしょう。タンス預金はいつでも現金が使える利便性はあるものの、盗難に遭うリスクや災害時に消失してしまうリスクがあるので注意が必要です。

銀行に預けたお金はATMや銀行窓口などで引き出すことができ、預けた期間によって金利がつきます。以前日本が好景気だったころは定期預金で６～７%、場合によっては10%近い金利がついたこともありました。しかし、近年は「超低金利時代」といわれるほど金利が低く、金利収入は以前ほど期待できません。とはいえ、現金を預けられる安心感や、ATMやインターネットバンキングでお金を移動できることを考えると、銀行預金は利用しておいたほうがいいでしょう。

実店舗のある銀行とネット銀行、便利なのはどっち？

以前は街中に実店舗のある都市銀行や地方銀行がよく利用されていましたが、

2000年以降に店舗を持たずにインターネット内で取引する「ネット銀行」が登場し、若者を中心に利用されるようになりました。

ネット銀行の便利なところは、場所や時間を問わず取引操作が可能な点や、送金手数料などの手数料が比較的安めであり、預金の金利が比較的高めな点です。都市銀行、地方銀行もオンライン化が進み、今では通帳はデジタル通帳が基本となってきていますが、まだまだ手数料は高いもの。預金金利の高さやATM利用回数の多さなどを比較し、便利なネット銀行も検討する価値があると思います。

銀行とネット銀行の違い

	銀行	ネット銀行
金利	●どちらかというと高い	●高い
手数料	●高い	●安い
時間	●窓口が開いている時間でないと手続きができない（ATMによっては夜間の手続きができる場合もある）	●24時間手続き可能
端末	●店舗、ATMがないと手続きができない	●パソコン、スマートフォンがあれば手続き可能 ●災害時など、インターネットに障害が起きた場合利用できなくなることもある
店舗	●店舗、ATMがないと手続きができない ●地方によっては店舗、ATMが少ない場所もある	●現金化したいときなどに、実店舗の窓口がないこともある

5 実は知らない？　銀行預金の種類

銀行預金は普通預金と定期預金だけではなく、実はさまざまな種類があるのです。

さまざまな預金用口座

銀行で口座を開く際、まずは普段使い用の「普通預金口座」を開設します。近年、普通預金と定期預金が合わさった「総合口座」が開かれることも多いです。

貯蓄用の口座といえば「定期預金」。普通預金よりも金利が高く、大きな金額を長期で預けるほど、有利な金利が適用されます。より大きな金額を対象とした「大口定期預金」もあります。

少額からコツコツ貯蓄したい方は「積立定期預金」を活用しましょう。毎月少額を自動的に積み立てることで、将来的にまとまった貯金が作れます。

定期預金や大口定期預金は、お金を預けておく期限である「満期」が定められています。満期よりも前に解約することもできますが、予定されていた金利よりも低い「中途解約金利」で計算されてしまう点に注意してください。

法人が口座を開く際は、普段使いの口座として「普通預金」と「当座預金」の２種類から選びます。普通預金はいつでも自由にお金を引き出せて金利もつきますが、銀行が万が一破綻した際に守られる金額（ペイオフ）には「1000 万円＋

預金の違い

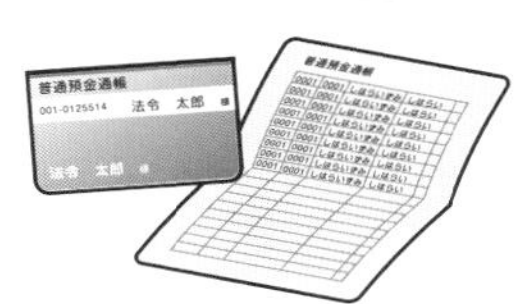

一般的な口座
- ●自由に引き出せる
- ●利息がつく
- ●銀行が破綻したら、
  1銀行につき1口座1000万円の保証

当座預金

企業や個人事業主の業務用口座
- ●引き出すのには手形や小切手が必要
- ●利息はつかない
- ●銀行が破綻しても全額保証

利息」という制限があり、1日の現金引き出し上限額が定められているなど、不便な点もあります。一方で当座預金は、引き出す際には手形や小切手、口座振替が必要で、金利もつきません。しかし、銀行破綻時には預けた全額が保証され、1日の引き出し上限額もないのが特徴です。

一般的には小規模な法人ならば普通預金、大規模な法人ならば当座預金を開設する傾向があります。

 銀行口座は「3つまで」！

社会人生活が長くなると、銀行口座が増えてしまいやすいです。銀行口座を使い分けるポイントは、できれば口座を3つほどに絞り、日常使い用・貯蓄用に分けることです。共働きの場合、給与振込口座はそれぞれあっても、共同の生活費や貯蓄などは可能な限り同じ口座を利用すると、お金がまとまって管理しやすくなります。

日常使い用は、給与振込口座やメガバンクなど普段から利用しやすい銀行口座、貯蓄用は預金金利の高いネット銀行口座を利用するのがおすすめです。

6 押さえておきたい「単利」と「複利」

金利の話でよく登場するのが「単利」と「複利」です。それぞれどのような特徴があるのでしょうか。

金利計算の基本

定期預金や普通預金にお金を預けるとつく、「利息」の計算のもとになるのが金利です。金利がついている預金に一定期間お金を預けると、「利息」が受け取れます。受け取れる利息は、以下の式で計算が可能です。

利息＝元本×金利（年利）×期間（年数、1年に満たない場合は○カ月／12カ月）

例えば100万円を年利0.2％で1年間預けた場合、受け取れる利息は2000円です。ただし、利息には現在20.315％の税金がかかるため、実際には約1593円が利益になります。現在の預金金利は、普通預金で0.001％、定期預金で0.002％が相場です。それほど大きな利息は受け取れませんが、預けているだけで利益が生まれるしくみは嬉しいものです。

「単利」と「複利」

金利には「単利」と「複利」の２種類があります。単利は、預けた元本に対してのみ利子がつき、満期を迎えるごとに利子が受け取れます。複利は一定期間ごとに預けた元本に利子が組み入れられるので、利子が利子を生み、最終的な利子の総額が多くなります。お金の増え方は複利のほうが大きくなりますので、この「複利効果」を利用して、雪だるま式に利益を増やしていくのがとても重要です。

単利と複利ではどれくらいの違いが生まれるのでしょうか？

＜例＞ 300 万円を 20 年間、年利 3%で預けたとき
単利：300 万円→ 480 万円
複利：300 万円→ 541.83 万円　差額は 61.83 万円

このように単利と複利では、預金の増え方が異なります。金利の高さだけでなく、複利で運用することも忘れないようにしましょう。

単利と複利

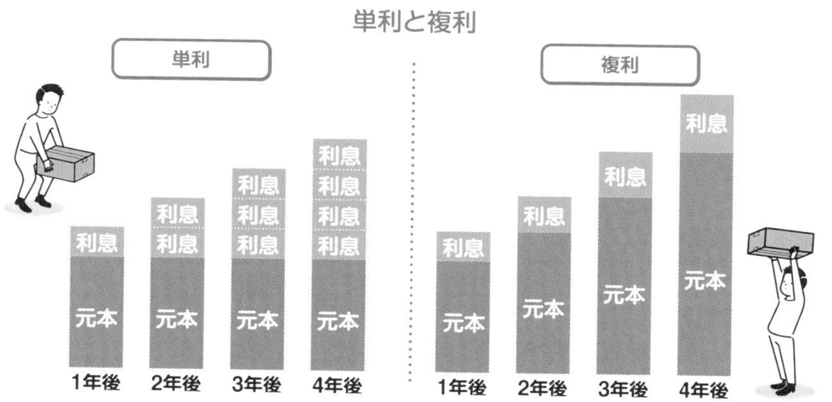

7

「財形貯蓄」や「積立定期」でコツコツ貯める

少額からコツコツ貯金するなら、財形貯蓄や積立定期預金が活用できます。

会社員の福利厚生のひとつ「財形貯蓄」

財形貯蓄制度とは、国と企業が連携して従業員の資産形成を後押しするための制度です。使用使途が自由な「一般財形貯蓄」、住宅購入費用に充てるための「財形住宅貯蓄」、年金に充てるための「財形年金貯蓄」の３種類があります。その目的に応じて使い分けるようになっています。

財形貯蓄のメリットは、給与からの天引きによって確実に貯蓄できる点と、比較的有利な金利で利用できる点です。また財形年金貯蓄と財形住宅貯蓄は、２つ合わせて元利合計550万円まで非課税扱いになります。さらに住宅の購入時には、「財形持家融資」の利用ができます。

財形貯蓄を利用する際は、まず勤務先で財形貯蓄が導入されているかを確認してください。導入されていたら、人事部などをとおして金融機関に申し込みましょう。払い出し時にいくつか要件がありますので、事前に確認しておくのがおすすめです。

財形の種類

	一般財形貯蓄	 財形住宅貯蓄	 財形年金貯蓄

貯書の目的	自由	住宅購入・リフォーム	老後への貯金
対象者	勤労者	満55歳未満の勤労者	
積立期間	3年以上	5年以上	
税的優遇	特になし	元利合計が550万円に達するまで 非課税で貯蓄することができる	

 誰でも利用できる「積立定期預金」

財形貯蓄は勤務先で導入されていなければ利用できませんが、一般的な金融機関で取り扱っている「積立定期預金」なら、どなたでも利用することが可能です。

積立定期預金は、毎月決められた日に一定額を積み立てる商品です。金利はそこまで高くありませんが、自動で決めた金額を貯金できるのが大きなメリットです。「口座にお金があったらつい使ってしまう」という方にはぴったりの商品です。

積立定期預金には、毎月の入金ごとに一本の定期預金を作るケースと、一定額が貯まったらまとまった金額の定期預金を作るケースがあり、金融機関によって対応が異なります。どちらも使い勝手はほぼ変わりませんが、まとまった金額で定期預金を作りたい方は、後者の金融機関を選ぶといいでしょう。

積立金額を決める際は「貯めたい金額」と「毎月無理なく預けられる金額」の両方から検討するのがおすすめです。途中で金額変更もできますので、まずは無理なく貯められる金額からはじめてみてはいかがでしょうか。

8 キャッシュレス支払いでの「浪費」に注意！

近年利用されるようになったキャッシュレス支払い。その使い方によっては浪費につながることも!?

 キャッシュレス支払いの種類

キャッシュレス支払いとは、クレジットカードやQRコードを利用した電子決済など、現金を使わない決済方法のことです。日本は以前から現金支払い率が高い国ですが、国際基準へ近づけるべく、政府主導でのキャッシュレス化が進んでいます。

キャッシュレス決済のツールは非常に多いですが、実は「前払い」「即時払い」「後払い」の3種類に分類できます。

例えば、PayPayや楽天Payなどの電子マネーや電子決済は、先に現金をチャージして利用するならば前払いです。銀行預金と紐づいたデビットカードは即時払い、後からまとめて請求が来るクレジットカードは後払いに当たります。

前払いや即時払いは比較的お金の管理がしやすいですが、後払いの場合は請求額をきちんと支払えるよう、無理のない支出額にとどめておくといいでしょう。

キャッシュレス支払いはお得？　それも浪費の元？

クレジットカードや電子決済、電子マネーを利用すると、T ポイントや楽天ポイントなどの「ポイント」が付与されます。このポイントは、現金のように利用できるのが魅力です。ポイント還元率は 0.2 ～ 1%程度ですが、数千～数万円分のポイントを集める方もおり、お得度は高いでしょう。

一方で、ポイントを集める「ポイ活」を意識するあまり、つい不要なものを購入してしまったり、不要なサービスに契約してしまったりすると浪費につながります。また複数のキャッシュレス決済を利用していると、支出が分散してしまい、家計が把握しにくくなる点も要注意です。

利用するキャッシュレス支払いは 1 ～ 2 種類にとどめ、ポイントは無理のない程度に集めるのがおすすめです。

キャッシュレス決済の違い

	媒体	支払い方法	レジでの動作
クレジットカード	● カード ● スマートフォン	● 後払い （ポストペイ）	● かざす ● 暗証番号入力 ● スライド
デビットカード	● カード ● スマートフォン	● 即時払い （リアルタイムペイ）	● かざす ● 暗証番号入力 ● スライド
電子マネー	● カード ● スマートフォン	● 前払い （プリペイド）	● かざす
QRコード	● スマートフォン	● 前払い ● 後払い ● 即時払い	● スマートフォンでQRコードを表示し、かざす

loan
loan
interest
interest
interest

第4章

お金を借りる・もらう

1

なぜお金が借りられるの？しくみを知っておこう

住宅や車の購入など大きな資金が必要な際は、お金を借りたりローンを組んだりすることができます。この「お金を借りるしくみ」はどうなっているのでしょうか？

お金を借りられるしくみ

銀行や消費者金融などの金融機関は、個人にお金を貸し出す業務を行っています。お金を借りることを「借入」、特定の商品購入のためにお金を借りることを「ローン」といいます。どちらもお金を借りているだけなので、必ず返済する義務がある点に注意が必要です。

例えばローンを組む場合、どのように手続きが進むのでしょうか。あなたがある商品をローンを組んで購入する場合、まず販売店を通してローンの手続き書類

お金の貸し借りとは

借入とは	お金やモノを借りること
ローンとは	先に商品を手に入れて返済を行うしくみ
融資とは	お金を貸すこと

に記入します。すると金融機関がその書面を元に審査を行って、問題がないと判断したらお金を販売店に渡し、あなたは商品を入手できるようになるのです。その後、あなたは金融機関に対して、元本と利息を支払います。

借入・ローンと「金利」の関係性

借入やローンには、所定の借入金利が定められています。この金利は、利用目的や借入する方の状況によって異なるのをご存じでしょうか。

まず、住宅購入に利用される住宅ローンや、車購入のためのカーローンなど利用目的が決まっているものは、比較的金利が低く設定されています。しかし、使用使途が自由なフリーローンやカードローンは、金利が比較的高めです。よってお金を借りる際は、なるべく使用使途に応じた借入プランやローンを利用するといいでしょう。

また審査のある借入やローンの場合、借り入れる方の職業や年収から「信用度が高い」と判断されると、比較的金利が低くなりやすいです。しかし、無審査で誰でも借りられるカードローンなどは、金利が高くなります。例えばパートと正社員では、正社員のほうがローン審査で有利な条件でお金が借りやすいのです。

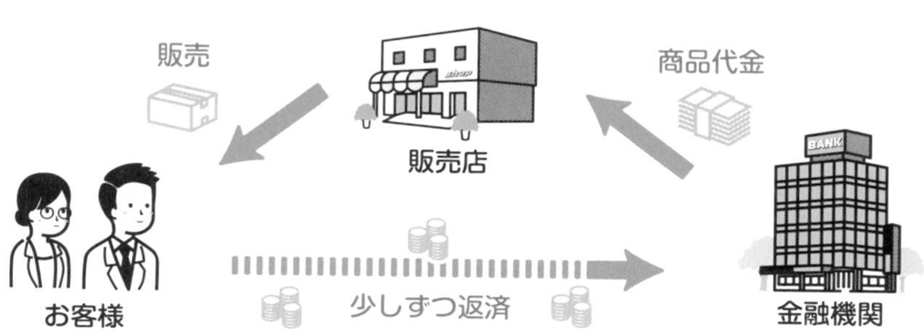

2 金利、利子、利息、利回り。なにが違うの？

「金利」「利子」「利息」「利回り」は、似ているようで意味の違う言葉です。その内容を理解しておきましょう。

金利、利子、利息、利回り

まずはこの４つの用語の意味を確認しましょう。

金利とは、お金を借りる側が、貸した側に対して追加で支払う金額の割合です。例えば100万円を借りる際の金利が１％だったとき、借りる側は100万円に１％、つまり１万円を上乗せして返済しなければいけません。

利子とは、お金を借りる側が、貸した側に対して元本に追加して支払うお金のことです。上記の例でいう１万円が利子となります。また利息とは、お金を貸した側が元本に追加して受け取るお金のことです。利子と利息は厳密に区分けされていないので、同じ意味で使われることもあるのです。

そして利回りとは、投資額に対する利益全体の割合のことです。一般的には年間利回り（年利）で表示されます。

金利と利回りが「割合」、利子と利息が「金額」を指す言葉です。覚えておくと便利でしょう。

金利は高いほうがいい？

金利は高いほうがいいのでしょうか？　それは立場によって異なります。

まずお金を借りる場合、金利は低いほうが有利です。例えば100万円を借りるとき、年利１％だと利子は１万円、年利２％だと利子は２万円になります。返す金額が少ないのは、もちろん年利１％の場合です。

一方、お金を預ける場合や貸す場合には、金利は高いほうが好まれます。100万円を年利１％と２％とで貸す場合では、２％で貸したほうが多くの利息がもらえるからです。

景気が悪化したとき、中央銀行は金利を下げてお金を借りやすくし、景気が回復したときには金利を上げてお金を集めやすくします。金利は、実は経済の重要な要素になっているのです。

利息の計算方法

利息の計算式

元金 × 金利 ÷ 365日 × 借入期間（日数）

1カ月分の利息は?

元金 × 金利 ÷ 365日 × 30日（=1カ月）

1週間分の利息は?

元金 × 金利 ÷ 365日 × 7日（=1週間）

3 「住宅ローン」を賢く利用する方法

マイホームを購入する際に利用する住宅ローン。どのような条件で借りるのが好ましいのでしょうか？

 住宅ローンの年間返済額は「手取り収入の20～25%」

住宅ローンとは、マイホーム購入専用のローンです。メガバンクや地方銀行などの金融機関に仮審査を申し込み、本審査と契約を経てお金が借りられます。住宅を「担保」にすることで、万が一返済できない場合には家を売却できることから、住宅ローンの金利は比較的低めに設定されています。

住宅ローンを借りる金額は、月の返済額が手取り月収の「20 ~ 25%」に抑えられるようにしましょう。例えば手取り月収30万円の場合、月の返済額は6万~ 7.5万円です。返済額は1年で72万~ 90万円、借入可能期間が一番よい35年ならば2520万~ 3150万円になります。住宅販売会社などでのシミュレーションに比べて少ないと思われるかもしれませんが、これが無理のない借入額です。長い期間支払い続けることを考え、適切な金額だけを借りましょう。

 住宅ローンの「変動金利」と「固定金利」

住宅ローンの返済額を抑えるポイントは、借りる金額を少なくし、借りる期間を短く、そして「借りる金利」をできるだけ抑えることです。

住宅ローンの金利プランは、大きく分けて3種類あります。「変動金利型」と「固定金利型」、どちらも選択できる「固定金利期間選択型」です。

変動金利型は、市場の金利変動に応じて金利が上下する可能性があるプランです。市場金利が低いほど、低い金利でローンが組めます。固定金利型は、契約時に約束した金利が借入期間中ずっと続くプランです。金利変動の心配がない点や、市場金利が上昇したときに返済額が変わらないのが特徴です。固定金利期間選択型は、数年間は金利が固定されますが、その後に改めて期間を限定した固定金利や、変動金利を選択するプランです。期間が終了するごとに、金利状況に応じて最適なプランを選べるのが利点となります。

住宅ローンは、定年を迎える65歳ごろまでに完済しておくのがベストです。金利プランごとに返済額シミュレーションを行い、毎月無理なく支払える返済計画を立てるといいでしょう。

機関保証のしくみ

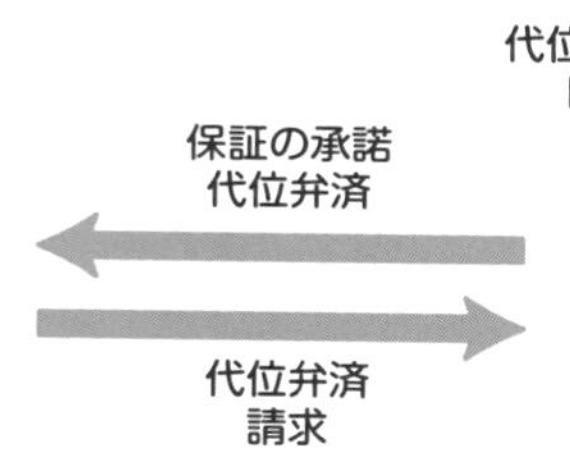

4 「教育ローン」や「カーローン」を活用しよう

まとまった支出がある場合は、ローンを上手に活用して乗り切るのも手段のひとつです。

大学資金はローンや奨学金も活用する

なにかとお金のかかる子どもの教育費。就学前～高校までは、公立学校であれば生活資金の中で予算を確保し、働きながら払える範囲ではあります。

しかし大学での４年間は、事前に備えておくと安心です。国公立大学に進学する場合は、４年間で約 242 万円、私立大学では４年間で約 389 万円かかります。私立でも文系・理系で学費が異なりますし、医学部や薬学部などに通う場合は、この２～３倍以上の学費を用意することになるかもしれません。

学費が貯蓄で用意できなかったときや、急にお金が必要になった場合は、ローンや奨学金が活用できます。

まず教育ローンとは、高校や大学などにかかる学費を借りられるローン商品です。民間の金融機関やJAバンク、「国の教育ローン」で知られる日本政策金融公庫などが取り扱っており、条件はそれぞれ異なります。借りられる金額は国の教育ローンならば、子どもひとりにつき 350 万円まで、金利は１％台～３％台です。銀行の教育ローンであれば、もっと高額を借りられる可能性もあります。ただし、金利は１％台から５％を超えるものまであります。公的機関のほうが金利

奨学金と教育ローンの違い

	借主（返済主）	借り方	利息	返済開始
奨学金	学生本人	毎月定額で振込み	在学中は発生しない	卒業後から
教育ローン	保護者	一括で振込み	借りた翌日から発生	借りた翌月から

が低く、民間の金融機関のほうが金利は高いものの、柔軟な対応が可能です。まずは国の教育ローンから検討するといいでしょう。

奨学金は、経済的援助が必要な学生に学費を貸与もしくは給付する制度です。奨学金を提供しているおもな団体は日本学生支援機構です。それ以外にも民間の育英団体や地方自治体など、さまざまな団体が学費の援助を行っています。まずは給付型の条件を確認し、利用が難しければ貸与型奨学金を利用しましょう。

教育ローンと奨学金の大きな違いは「借主」です。教育ローンは保護者が申し込みをして借りますが、奨学金は子ども自身が申し込みをし、子どもの名義で借りることになります。返済も子どもがするものです。奨学金の利用は子どもとよく話し合って決めましょう。

 カーローンは「銀行ローン」で賢く借りる

車を購入する際、カーディーラーから「ディーラーローン」の案内があると思います。しかし銀行などの金融機関もカーローンがあり、金利を低めに設定しています。コスト節約を考えるなら、まずは銀行ローンの利用を検討し、審査が通らなかった場合はディーラーローンを利用するのがおすすめです。

5 クレジットカードの「分割払い」や「リボ払い」はワナ!?

クレジットカードの支払額が多い！　そんなときに分割払いやリボ払いを安易に利用すると、大変なことになるかもしれません。

クレジットカードの分割払いは「２回まで」

クレジットカードの支払い回数は、一括払い以外にも２～24回払い、ボーナス払いなどが選択できます。大きな金額の買い物をした際、つい分割払いを利用してしまうこともあるでしょう。

しかし、分割払いを利用する際には「分割払い手数料」に注意が必要です。例えば三井住友カードなら、３～24回払いに12～14.75％の手数料がかかります。支払回数が多いほど手数料が多くなりますので、分割のしすぎには注意しましょう。

もし分割払いを利用するなら、こうした手数料のかからない「２回払い」か「ボーナス一括払い」がおすすめです。ただし、ボーナスは必ず受け取れるとは限りませんので、ボーナス一括払いの使いすぎは避けたほうがいいでしょう。

支払いが雪だるま式に増える？　リボ払いに要注意！

最も注意していただきたいのが、リボ払いの利用です。リボ払いとは、毎月の支払額を好きな金額に設定し、金利とともに返済していく方法です。分割払いが「回数」を決めて支払うのに対し、リボ払いは「金額」を決めて支払うという違いがあります。

リボ払いは毎月無理のない金額で支払えるので一見便利ですが、その金利手数料の目安は、14 ～ 18%と分割払いよりも高いのが特徴です。またリボ払いは返済額が安く設定できるので、支払いが長期化し、金利手数料が大きく膨らみやすいというデメリットがあります。

例えば 100 万円の買い物をして、金利 15%のリボ払いで毎月 2 万円ずつ返済した場合、総返済額は 131.6 万円と、30 万円以上もプラスで支払うことになります。また支払回数は 50 回なので、4 年以上にわたって返済し続けないといけません。

リボ払いと同じようなしくみなのが、カードローンやキャッシングです。これらは先に金額を指定してお金を借り、それを商品購入などに充てる形ですが、借りたお金に対してリボ払いと同程度の金利手数料がかかります。増え続ける金利手数料に苦しまないよう、リボ払いやカードローン、キャッシングの利用は避けたほうが安心です。

6 「過払い金」は返ってくる！

テレビを見ていると「過払い金は返還されます」といったCMを見かけたことはありませんか？　この過払い金とはいったいなんでしょうか。

本来ならば払う必要のないお金「過払い金」

「過払い金」とは、カードローンやキャッシングなどを利用した際に、貸金業者に払いすぎていた利息のことです。過去に消費者金融やクレジット会社は、法律上は無効なのに刑事罰にならない「グレーゾーン金利」を利用して、利息制限法と出資法の上限を超えた利息を違法に取り続けてきました。しかし、2010年6月18日の改正貸金業法の完全施行によって、金利は20%が上限となり、それ以上の金利はかからなくなっています。

もし2010年の改正法施行前にグレーゾーン金利でお金を借りていた方は、手続きをすればお金が返ってくる可能性があります。これが「過払い金請求」です。完済してから10年経っていない人、現在も返済中である人が対象です。

「過払い金請求」の流れ

過払い金を払っていた可能性があるなら、まずは弁護士事務所や司法書士事務所に連絡し、一度面談をしましょう。初回の面談費用は無料で対応してもらえる

郵便はがき

料金受取人払郵便

日本橋局
承認

6827

差出有効期間
2023年8月
15日まで

切手をお貼りになる
必要はございません。

103-8790

953

中央区日本橋小伝馬町15-18
EDGE小伝馬町ビル9階
総合法令出版株式会社 行

本書のご購入、ご愛読ありがとうございました。
今後の出版企画の参考とさせていただきますので、
ぜひご意見をお聞かせください。

フリガナ お名前	性別 男・女	年齢 歳
ご住所 〒 TEL ( )		
ご職業 1.学生 2.会社員・公務員 3.会社・団体役員 4.教員 5.自営業 6.主婦 7.無職 8.その他( )		

メールアドレスを記載下さった方から、毎月5名様に書籍1冊プレゼント!

新刊やイベントの情報などをお知らせする場合に使用させていただきます。

※書籍プレゼントご希望の方は、下記にメールアドレスと希望ジャンルをご記入ください。書籍へのご応募は1度限り、発送にはお時間をいただく場合がございます。結果は発送をもってかえさせていただきます。

希望ジャンル：☐ 自己啓発 ☐ ビジネス ☐ スピリチュアル ☐ 実用

E-MAILアドレス ※携帯電話のメールアドレスには対応しておりません。

お買い求めいただいた本のタイトル

■お買い求めいただいた書店名

(　　　　　　　　)市区町村(　　　　　　　　)書店

■この本を最初に何でお知りになりましたか

□ 書店で実物を見て　□ 雑誌で見て(雑誌名　　　　　　　　)
□ 新聞で見て(　　　　　新聞)　□ 家族や友人にすすめられて
総合法令出版の(□ HP、□ Facebook、□ Twitter、□ Instagram)を見て
□ その他(　　　　　　　　)

■お買い求めいただいた動機は何ですか(複数回答も可)

□ この著者の作品が好きだから　□ 興味のあるテーマだったから
□ タイトルに惹かれて　□ 表紙に惹かれて　□ 帯の文章に惹かれて
□ その他(　　　　　　　　)

■この本について感想をお聞かせください

(表紙・本文デザイン、タイトル、価格、内容など)

(掲載される場合のペンネーム:　　　　　　　　)

■最近、お読みになった本で面白かったものは何ですか?

■最近気になっているテーマ・著者、ご意見があればお書きください

ご協力ありがとうございました。いただいたご感想を匿名で広告等に掲載させていただくことがございます。匿名での使用も希望されない場合はチェックをお願いします☑
いただいた情報を、上記の目的以外に使用することはありません。

ケースも多いです。過去の借金に関する情報を伝え、過払い金が返還される可能性があれば弁護士などと契約を結びます。その後は弁護士などが各貸金業者に連絡し、事実確認や必要書類の収集などを行い、過払い金の返金金額や返金時期を確定し、あなたにお金が返還されるという流れです。

過払い金の時効は、最後に借入・返済をした日から10年です。このとき、時効前ならばすでに完済した借金でも過払い金の返還請求は可能です。心当たりのある方は相談してみてはいかがでしょうか。

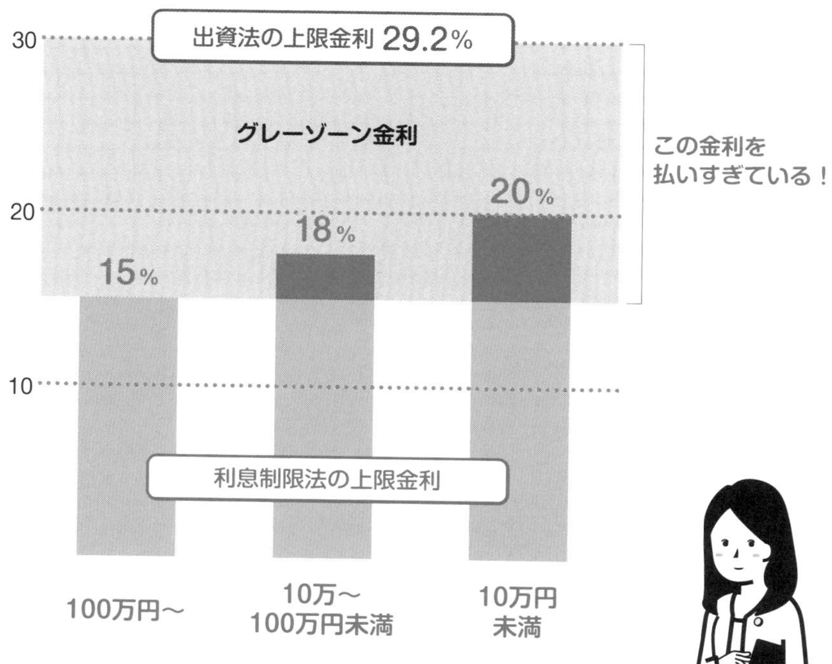

第5章

お金で守る

1 「超高齢社会」の日本

日本の高齢化は世界的にも突出して進んでいます。私たちの社会の現状を確認してみましょう。

日本は「超高齢社会」

社会の高齢化は、65 歳以上の高齢者の割合が高くなるにつれて、「高齢化社会」→「高齢社会」→「超高齢社会」と呼び名が変わります。日本は 2007 年に、高齢者が全人口の 21%に達する超高齢社会に足を踏み入れました。

また高齢化とともに問題視されているのが、少子化です。日本における最新の出生数は約 86 万人（2019 年）と、過去最低を記録してしまいました。合計特殊出生率も 1.36 と、低い水準を保っている状態です。

こうした少子高齢化が進むといったいどうなるのでしょうか？

まず 20 ～ 64 歳の労働者が高齢者を支える割合が大きく変わります。かつて 1962 年ごろは、9.1 人の労働者が高齢者ひとりを支える「胴上げ型」で社会が成り立っていました。しかし、だんだんと少子高齢化が進み、2012 年には 2.4 人の労働者が高齢者ひとりを支える「騎馬戦型」になりました。今後、2035 年には 1.6 人の労働者が、2055 年には 1.3 人の労働者が高齢者ひとりを支える「肩車型」に移る見込みだといわれています。

このように労働者への負担が増加すると、厚生年金や国民年金などの年金保険料や、健康保険や国民健康保険などの健康保険料の負担が増加し、稼いでも多くのお金が天引きされ、なかなか貯蓄できない状況が生まれます。さらに、自身が高齢者になってから受け取れる年金額が減少し、高齢になっても働き続ける可能性が高まっているのです。

こうした社会変化に伴い、「老後にかかるお金は自分で貯蓄しておく」「高齢になっても働き続けられるような、やりがいある仕事を見つける」といった、新しい対策を考える人が増加しています。

本章ではまず、こうした社会の基礎となっている「社会保障制度」について学んでいきましょう。

高齢者を支える日本社会

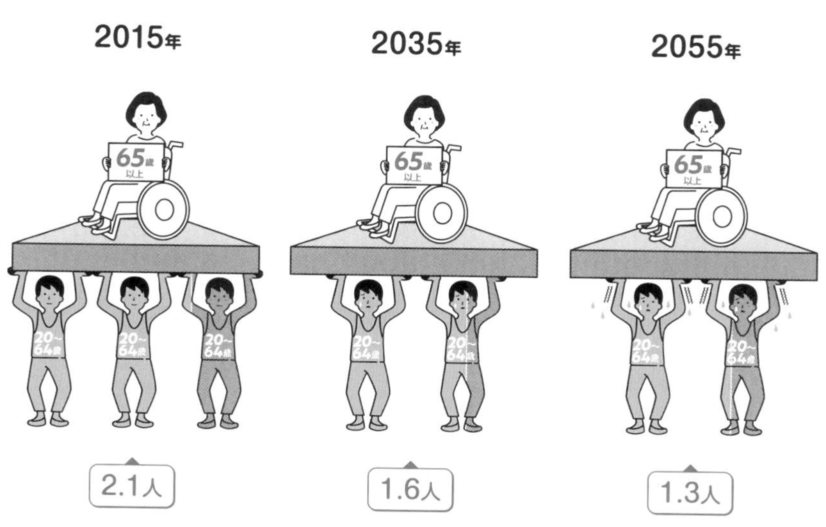

2 「社会保障制度」ってなんだろう

日本の社会保障制度は、当たり前のように生活に浸透しています。どのようなしくみになっているのでしょうか。

 「社会保障制度」の中身は４つ

社会保障制度とは、国民が安心して生活できるよう、一生涯にわたって支えるためのしくみです。日本の社会保障制度は、「社会保険」「社会福祉」「公的扶助」「公衆衛生」という４つの項目によって成り立っています。

この中で最も大きな割合を占めるのが、社会保険です。社会保険とは、国民が病気やケガをした際に一定の給付を行う制度で、国民は強制加入するよう定められています。詳しくはP.112で説明します。

 社会福祉、公的扶助、公衆衛生の役割

社会保障制度の代表的な機能は社会保険ですが、これ以外の３項目も非常に重要な役割を果たしています。

まず社会福祉は、子どもや障害者、母子家庭、高齢者などへ公的な支援を行う制度です。例えば、就学前の子どもが通う保育所への補助金や、中学校修了までの子どもを養う家庭に給付される「子ども手当」は、この社会福祉分野から支出

されています。

次に公的扶助は、生活に困窮する人々も最低限の生活ができるよう、保障によって自立を助ける制度です。「生活保護」や「生活福祉資金貸付制度」といった制度が利用できます。

そして公衆衛生は、人々が健康に生活できるよう、さまざまな予防・衛生のための制度です。無料で行われる予防接種が多いのは、この公衆衛生によって保障されているからです。

各公的保険に対する保険料や、さまざまな形で納めている税金が、こうした社会保障を支えています。

社会保障制度とは

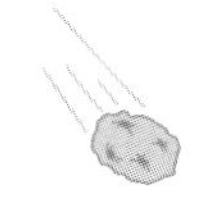

社会保険	社会福祉	公的扶助	公衆衛生
医療保険 雇用保険 など	身体障害者福祉 高齢者福祉 児童福祉	年金保険 生活保護	予防接種 感染者予防
病気や災害、 失業に備える	子どもへの保育や 障害者などを支援する	生活が苦しい人に 必要な保護を行う	国民が健康的な生活 を送るための 健康作りを行う

第5章 お金で守る

3 いざというとき頼りになる「社会保険」

社会保障の中で大きなウェイトを占めるのが「社会保険」です。その内容を確認してみましょう。

 「社会保険」とは

社会保険には、医療保険や年金保険、労災保険、介護保険が含まれ、それぞれ必要なシーンで利用されます。

例えば、生活の中でケガや病気をしたときは、医療保険を使って原則３割の自己負担額（年齢によっては１～２割）で医療機関が受診可能です。同じケガや病気でも、勤務中に起こった出来事に関しては、労災保険が適用されます。また、65歳以上の高齢者は希望する年齢から年金が受け取れ、老後の生活不安を解消できます。これ以外にもいろいろな場面で、さまざまな保障が受けられるのです。

 社会保険は「申請しないともらえない」

一見万能に見える社会保険ですが、注意する点が２つあります。

ひとつは、申請が必須であること。社会保険を利用するためには、自分から行動を起こし、「勤務中にケガをしたので労災を申請してください」「子どもが生まれたので出産育児一時金を出してください」など、申し出や申し込みをしてはじ

めて手続きされることが多いです。「知らないともらえないお金」をしっかり受け取るためにも、利用できる制度があるかどうか地方自治体の役所などで確認するといいでしょう。

もうひとつは、社会保険だけでは十分なお金が賄えないこと。社会保険はあくまで一定の範囲内で保障するだけなので、費用の全額を補填できるわけではありません。よって、日々の生活で少しずつ貯蓄し、民間の保険商品も利用するなど、工夫して備えることが重要です。

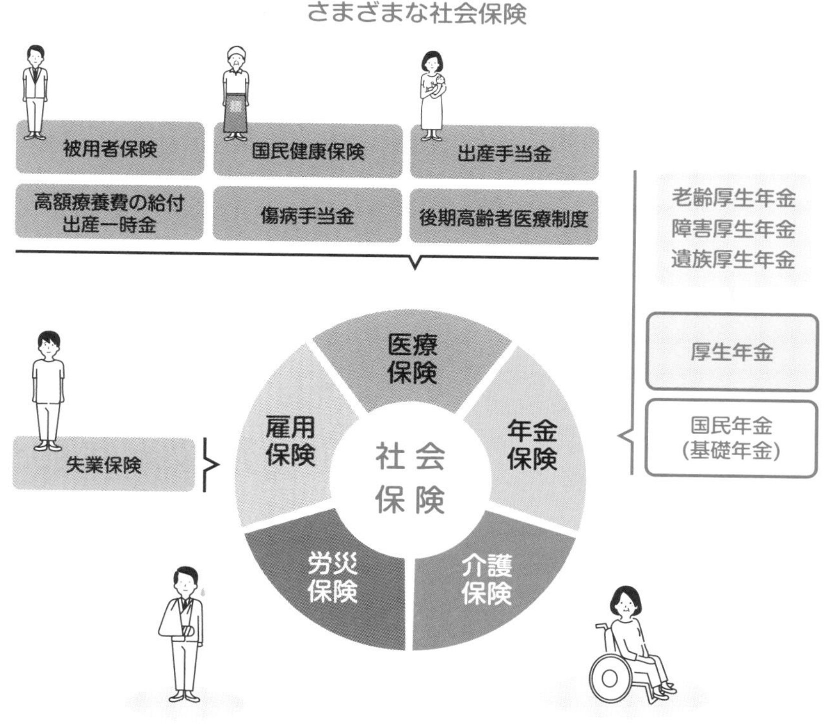

4 意外と知らない「健康保険」

社会保険のひとつである「健康保険」。これは３カ月未満の外国人労働者を除き、すべての人が加入しています。仕事を辞めたとき、加入していた保険はどうなるのでしょうか。知っているようで知らない「健康保険」を解説します。

健康保険の種類

健康保険は、大きく3つの種類に分かれます。

① **被用者健康保険**
② **国民健康保険**
③ **後期高齢者医療制度**

①の「被用者健康保険」は、民間企業の会社員や公務員が加入します。この被用者健康保険には企業が独立や共同で設立する組合健保、組合健保に加入しない会社が入る協会けんぽ、公務員や教職員が加入する各種共済保険組合があります。

②の「国民健康保険」は、自営業やフリーランスの人が加入します。

③の「後期高齢者医療制度」は、75歳以上の方が入る保険です。

健康保険の種類によって、受けられる給付も異なります。例えば「被用者健康保険」に加入していれば、病気やケガで収入がなくなったときに「傷病手当金」が受けられます。また、産前産後の休業時には「出産手当金」などがもらえます。

自分がどの健康保険に入っているかは、健康保険証を見ればわかります。保険証の「保険者番号」をご覧ください。保険者番号が６桁の人は「国民健康保険」、８桁の人は「被用者健康保険」か「後期高齢者医療制度」です。また、保険者番号の最初の２桁は「法別番号」という医療保険の種類を表しています。その２桁を調べれば、医療保険の名称など詳しいことがわかります。

仕事を辞めたらどうなるの？

会社で健康保険（被用者健康保険）に加入していたとします。退職したらその保険はどうなるのでしょうか。退職後は、以下の３つの中から選び、加入します。

- **勤務先の健康保険に継続加入する**
- **国民健康保険に入る**
- **家族の扶養に入る**

退職前の保険には、退職後も原則２年間は継続して加入できます。しかし、病気やケガで仕事を休んだときに受け取る「傷病手当金」や、産前産後の休業時にもらう「出産手当金」は要件を満たさないと受け取ることができません。

また保険料も退職前と金額が変わらないため、会社の負担していた分が自己負担となり、２倍の金額を支払うことになります。

国民健康保険に加入する場合、傷病手当金や出産手当金はありませんが、要件を満たせば、出産時に「出産育児一時金」をもらうことができます。

仕事が決まっておらず、保険料を負担することが難しい……。そんな人は家族の扶養に入ることもできます。被扶養家族として家族が加入している健康保険に入ると、保険料の負担はありません。しかし、収入や続柄などの要件があります。

退職したら、まずは給付や保険料などを調べて、自分に合う健康保険を見つけましょう。

5 失業時を支える「雇用保険」

突然の失業。そんなときに頼りになるのが「雇用保険（失業保険）」です。失業手当を受け取るための条件はなんでしょうか？

 職を失った！　まずは「ハローワーク」へ

「不況のあおりで職を失ってしまった」「転職する予定で退職したが、思うように仕事が決まらない」など、失職に伴う保障を受けたい場合は、雇用保険制度を利用しましょう。この制度は、労働者の生活や雇用の安定、就職の促進のため、失業された方や教育訓練を受けられる方などに給付金や手当、職業訓練などを支給、実施しています。

もし失業してしまったらどうすればいいのでしょうか。まずは前の職場から「離職票」を受け取り、ハローワーク（公共職業安定所）へ向かいます。そこで離職票を提出し、求職の手続きを取れば雇用保険の「失業給付」の受給資格が得られます。そして７日間の待期期間後、失業給付を受け取るための説明会に出席すれば、その後必要な期間を経て失業給付金がもらえるのです。

失業給付金が給付されるまでの期間は退職理由によって異なります。自己都合の場合だと３カ月の待期期間があり、その期間はお金が振り込まれません。よってその間の生活費は貯金で賄うことになります。

失業給付の受給までの流れ

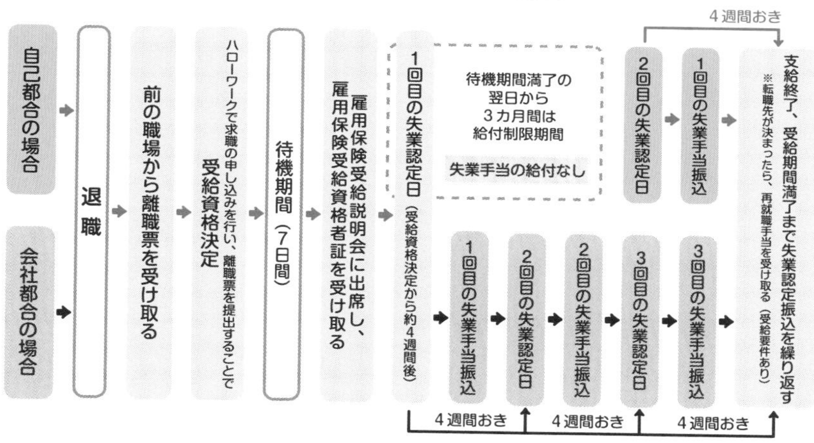

そのほかの雇用保険制度

雇用保険制度は、失業の給付以外でも活用できます。

まず「育児休業給付」。これは育児に伴う休業時に受け取れる給付金ですが、雇用保険制度から支払われています。育児休業を取得する際は、必要書類を持ってハローワークへ行き、手続きを行う必要があります。

次に「一般教育訓練給付金」。これは雇用保険に加入している在職者や退職者が、所定の教育訓練講座を受講した場合、費用の一部が戻ってくる制度です。興味のある講座を受講して、新たな資格やスキルを取得し、就職していく人材も多くいます。また、「高齢者雇用継続給付金」というものもあります。

雇用保険制度を利用できるのは、雇用保険に加入しているのが前提です。個人事業主や、所定の勤務時間に満たないパート・アルバイトは、加入できませんので、注意してください。

6

任意加入の「生命保険・損害保険」

公的な社会保険だけでは保障が不十分だと感じたら、民間の金融機関が取り扱っている保険にも加入してみましょう。

万が一に備える「生命保険」

保険加入者が死亡する、高度障害になるなど万が一のことがあった際、給付金や保険金を受け取れるのが「生命保険」です。例えば一家の大黒柱が亡くなってしまったら、残された家族は困窮してしまいます。しかし、生命保険に加入していればまとまった一時金が下りるので、残された家族の生活を助けることができるのです。

生命保険は大きく分けて、保障の期間が限定されている「定期保険」と、保障が一生涯続く「終身保険」の２つがあります。定期保険はその期間内に保険加入者が死亡した場合に、生命保険金が下りるのが特徴です。いわゆる「掛け捨て型」の保険なので、大きな保障を安い保険料で受けられます。しかし年齢とともに保険料は上がり、払った保険料が原則戻ってこないというデメリットもあります。終身保険は一生涯保障が続き、死亡した際に保険金が下りるしくみの商品です。定年までに保険料の払い込みを終えるプランを選ぶと、老後の生活に安心感が生まれますが、その分現役時代の保険料は高くなります。

生命保険にはほかにも、決められた保険期間内に保険加入者が死亡した場合に

生命保険のおもな種類

	満期	保障期間	解約返戻金	死亡保険金／満期金	保険料
定期保険	なし	限定	なし	なし	安い
養老保険	あり	限定	ー	満期金あり	高い
終身保険	なし	一生涯	あり	死亡保険金あり	やや高い
収入保障保険	なし	限定	なし	なし	安い

は死亡保険金が、生存していた場合には満期保険金が受け取れる「養老保険」や、保険加入者が死亡した場合に、事前に定めた保険期間の満了時まで年金が受け取れる「収入保障保険」などがあります。保険料と保障内容のバランスを考えて、賢く保険を活用するといいでしょう。

思わぬ事故や災害に備える「損害保険」

損害保険とは、偶然のリスクによって生じた損害をカバーするための保険です。身近な損害保険といえば、災害や火災などから住宅を守る「火災保険」や「地震保険」、自動車事故から人やモノを守る「自動車保険」などがあります。とくに賃貸住宅や住宅ローンを借りているマイホームには、火災保険への加入が必須です。地域や財産の内容を考え、必要な補償がついた保険に加入しましょう。

これ以外に、思わぬ事故による入院や死亡に対して補償する「傷害保険」や、旅行中のケガや病気、持ち物の破損に備える「旅行保険」などもあります。

7

医療費が心配なら「医療保険」や「がん保険」を活用する

公的な医療保険だけでは、高額な医療費に耐えられないかも……。そんなときは任意加入の医療保険やがん保険で備えることが可能です。

任意加入の保険は「階層」になっている

任意加入の保険は、第1分野、第2分野、第3分野に分けられます。第1分野は生命保険、第2分野は損害保険、そして第3分野が医療保険です。

もし病気やケガで医療機関を受診した場合、最初に利用するのは公的な医療保険です。お手持ちの健康保険証や国民健康保険証を提示すれば、原則3割負担、年齢によっては1～2割負担で受診できます。また、加入している健康保険組合によっては、特別な給付金が受け取れることもあるでしょう。

しかし手術や長期入院を伴う病気やケガの場合は、医療費が大きくかさむ可能性が高いです。その場合に備えるのが任意の医療保険です。入院や手術、投薬に応じて保険金を受け取れます。

現在日本人の死因で大きな割合を占めるのは、がん（悪性新生物）です。このがんに特化した医療保険が「がん保険」。がんと診断された場合や、治療に伴う入院、手術、投薬などによって、保険金が受け取れるのが特徴です。がん家系の方やリスクが高いと感じる方は、保険に加入して備えておくのもいいでしょう。

知っておきたい「高額療養費」と「医療費控除」

もし高額な医療費がかかったら、健康保険組合にて「高額療養費制度」を活用しましょう。これはひと月で（同じ月の1日～末日）に支払う医療費が、所定の自己負担限度額を超えた場合に、超えた分が払い戻される制度です。自己負担限度額は所得に応じて設定されており、収入が低いほど限度額も低くなります。また高額療養費の対象になるとわかっている場合は、事前に健康保険組合に申請して「限度額適用認定証」を受け取りましょう。この認定証があれば、自己負担限度額を超える分を立て替える必要がなくなります。

その年に多くの医療費がかかったら、翌年の確定申告で「医療費控除」を計上すると、所得税や住民税が減額されます。医療費控除は、所得金額が200万円以上の方は10万円を超える分、200万円未満の方は総所得金額の5%を超える分が、所得から控除可能になります。妊娠や出産、不妊治療なども対象になりますので、覚えておいて損はありません。

医療費控除の目安

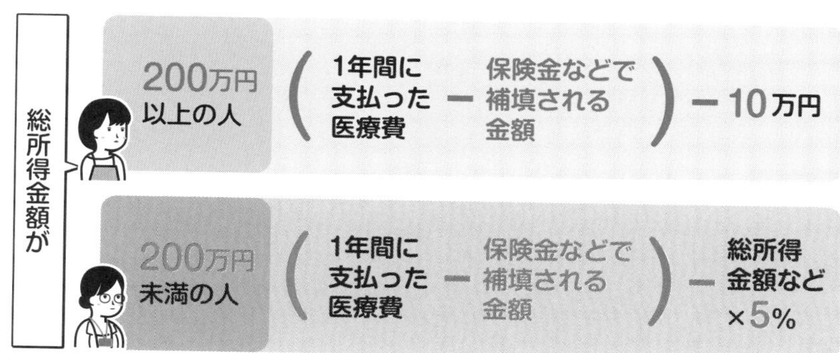

総所得金額が
200万円以上の人
（1年間に支払った医療費 － 保険金などで補填される金額）－ 10万円
200万円未満の人
（1年間に支払った医療費 － 保険金などで補填される金額）－ 総所得金額など×5%

8 かけすぎ注意！　保険の見直し方法

万が一のために保険をかけすぎていると、思うように貯蓄ができない「保険貧乏」になってしまうことも。保険の見直し方法をお伝えします。

「保険貧乏」にならない保険の見直し方

生命保険や医療保険、がん保険に損害保険。万が一を想定して多くの保険に加入している場合、保険を一度見直してみるのがおすすめです。

保険を見直す際の手順は次のとおりです。

① **現在加入している保険をすべて洗い出す**
② **保障（補償）内容と保険料を把握する**
③ **必要のない保険や特約を解約する**

まずは、現在加入している保険を全部書き出します。この時点で思いがけない保険に加入している方もいますので、現状確認はとても大切です。

次に保険の保障内容と保険料を洗い出します。保障内容を改めて見直すと「高額保険に加入していた」「保障内容が同じ」などの発見があるでしょう。

そして現時点で必要のない保険や、その保険に付随した特約を解約します。こうして保険料が削減できれば、その分貯蓄に回せるお金が増えるでしょう。

保険を見直すタイミングは？

保険は、定期的に見直すのがおすすめです。保険は内容が複雑な分、保障内容を忘れてしまいやすいからです。定期的に保険証券を見て確認してください。

また家族構成が変わった際にも、必ず見直しましょう。例えば夫婦共働きだった家庭で、子育てのために妻が退職した場合、夫には大きめの生命保険をかけると安心です。一方、妻の生命保険は解約してもいいでしょう。医療費に当てられる貯金が少ない場合は、医療保障を備えるべきです。保険には「貯蓄性の保険」もありますが、これはあまりおすすめしません。昔に比べて今は条件がよくないからです。「保障」と「貯蓄」は、切り離すほうが効果的です。

家族構成別保険金額例

独身・単身

保険金額 **500万円**

葬儀費用	200万円
お墓代	200万円
整理費用	100万円

夫婦

保険金額 **1500万円**

葬儀費用・お墓代など	500万円
当面の生活費	900万円
引越し費用など	100万円

ファミリー

保険金額 **2500万円**

葬儀費用・お墓代など	500万円
当面の生活費	1000万円
教育費など	1000万円

子どもの独立後

保険金額 **1000万円**

葬儀費用・お墓代など	500万円
当面の生活費	500万円

9 老後を支える「年金」のしくみ

引退した後の老後生活を支えるのが「公的年金」です。いったいどのようなしくみになっているのでしょうか。

 働き方で異なる「公的年金」

日本の公的年金制度は、３階建ての構造です。１階の土台部分は、国民が全員加入する「国民年金（基礎年金)」。２階部分に「厚生年金」や「国民年金基金」、３階部分に任意加入の「私的年金」が上乗せできるしくみとなっています。

また、国民はその職業や雇用形態によって、第１号～第３号被保険者に分類されます。自営業者やパート・アルバイトなどは「第１号被保険者」、会社員や公務員は「第２号被保険者」、会社員の妻など第２号被保険者に扶養されている方は「第３号被保険者」です。

国民年金は、20歳から60歳未満の国民が原則として全員加入する制度です。現在の国民年金保険料は、1万6610円（令和３年度）です。自営業者やパート・アルバイトの方は、この国民年金保険料を月払いや半年払い、年払いで自分で支払います。

会社員や公務員が加入しているのが、厚生年金です。厚生年金保険料は、毎月の給与から算出した標準報酬月額の18.3%です。しかしその半分は雇用主が払っていますので、個人では9.15%を納めています。会社員や公務員の場合、厚生年金と前述した国民年金は、自動計算されて給与から天引きされるので、毎月いくら払っているのかわかりにくいです。保険料を知りたいときは、給与明細で確認するといいでしょう。

任意加入できる「国民年金基金」「iDeCo」など

公的年金制度の中には、任意加入できる年金もあります。

第1号被保険者が加入できるのが、国民年金基金です。毎月必要な保険料を支払うと、老後に年金額が多く受け取れます。

第2号被保険者が利用できる「企業型DC（企業型確定拠出年金）」は、勤務先が制度を導入していないと利用できません。しかし「iDeCo」ならば、月々の掛金額に上限がありますが、第1号～第3号被保険者の全員が利用可能です。ただし、国民年金保険料の免除を受けている、未納である、農業者年金に加入している場合は、利用することができません。

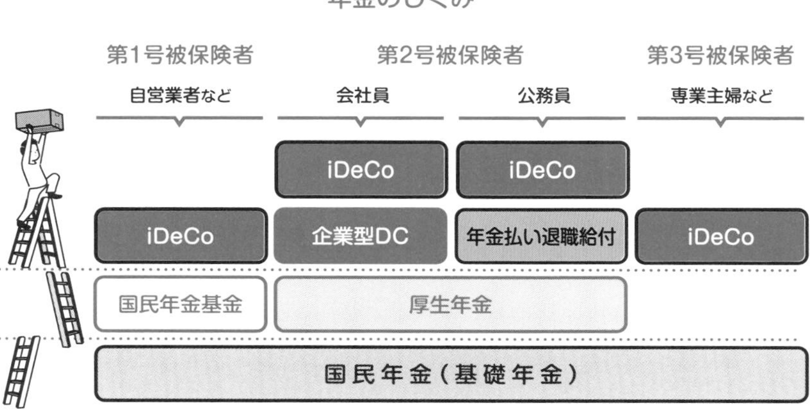

10

国民年金と厚生年金、いくらもらえる？

年金制度の要である国民年金と厚生年金。老後にはどれくらいの金額が受け取れるのでしょうか？

「老齢年金」の種類

年金制度のうち、老後に受け取れるものを「老齢年金」といいます。自営業者やフリーランスなどの第１号被保険者、会社員の妻などの第３号被保険者が受け取れるのは、国民年金制度から給付される「老齢基礎年金」です。一方、会社員や公務員の第２号被保険者は、老齢基礎年金に加えて、厚生年金制度から給付される「老齢厚生年金」も受け取れます。老後の年金は、会社員や公務員に対する保障が手厚いことを覚えておきましょう。

老齢年金の平均額をチェックしよう！

では、老齢年金はいくら受け取れる見込みなのでしょうか？

まず老齢基礎年金の受給額は、月６万5075円（令和３年度）です。この金額は、国民年金保険料を480カ月以上、つまり40年間分払い込んだときに受け取れる「満額」なので、払込月数が不足する場合は減額される点に注意してください。

次に老齢基礎年金に加えて老齢厚生年金も受け取れる方の標準的な受給額は、月22万496円（令和3年度）です。この金額は老齢基礎年金と老齢厚生年金の合計額で、かつ夫婦2人分の平均額となっています。厚生年金は、それまでに払い込んだ厚生年金保険料によって大きく左右されますので、受給予定額をあらかじめ確認しておくといいでしょう。具体的な確認方法は、P.128で解説します。

全体的に、国民年金にしか加入していないと、老後資金が大きく不足してしまう可能性が高いです。また、この年金受給額があなたの老後までキープされる保障はありません。自営業者やフリーランスなどの第1号被保険者はとくに、老後の資金を多く蓄えておく必要があるのです。

老齢年金の種類

11 あなたが受け取れる年金額を確認しよう！

基礎年金や厚生年金を払い込んだ後、老後にはどれくらいの年金が受け取れるのでしょうか？　簡単に調べる方法を紹介します。

 年金データは、ねんきん定期便、ねんきんネットで確認

老後に受け取れる年金額は、人によって大きく異なります。今後の資金計画を立てるためにも、一度は自分の年金受給見込み額を確認しておくといいでしょう。

あなたの年金受給見込み額を確認する方法は、「ねんきん定期便」「ねんきんネット」の2つがあります。

ねんきん定期便は、毎年あなたの誕生月に送られてくるハガキです。50歳未満の方は、これまでの年金加入実績に応じた年金額が、50歳以上の方は年金見込額が記載されています。また35歳、45歳、そして59歳という節目の年には、より詳しい年金見込み額などが封書で送られてきます。このねんきん定期便を見れば、どれくらい年金が受け取れそうか予測を立てることが可能です。

ねんきんネットは、ねんきん定期便のデータに加え、最新の年金記録情報も確認できるWEBサイトです。ねんきん定期便よりも豊富な情報が見られるのがメリットです。過去の年金記録照会によって、重複した年金の払い込みが発見されたケースもあるそうなので、一度は登録して確認するのをおすすめします。

ねんきん定期便

50歳以上

年金見込額

ハガキ

50歳未満

これまでの
年金加入実績に
応じた年金額

ハガキ

35歳
59歳
45歳

節目の年には…

より詳しい
年金見込み額など

封書

年金の受け取りに必要な「受給資格期間」

年金は誰でも受給できるわけではありません。国民年金は最低 10 年間（120 カ月分）の保険料の払い込みがないと、年金を受け取れないのです。また厚生年金は 1 カ月以上加入していれば受け取れますが、もし国民年金の払い込みが 10 年未満の場合は、全額受け取れなくなってしまいます。10 年間以上の年金記録があるかどうか、一度確認しておくと安心です。

12 年金保険料が払えないときは免除手続きを！

失職や転職により、国民全員が加入する国民年金の保険料が払えない！　そんなときは免除手続きを検討しましょう。

国民年金保険料の免除制度、納付猶予制度

失業したり給与が大幅に減少したりして、国民年金保険料を払うと生活できない……。そんなときは、保険料の支払いを免除、延期する制度を利用しましょう。

まず国民年金保険料の免除制度が申請できるのは、本人や世帯主、配偶者の前年所得（１月から６月までに申請する場合は前々年の所得）が、一定額以下か失業した場合などです。役所にて申請書を提出し承認されると、保険料の納付が免除になります。免除される金額は「承認水準」を超えているかによって、全額、４分の３、半額、４分の１のどれかが適用されます。

次に納付猶予制度が申請できるのは、20 歳から 50 歳未満の方で、本人や配偶者の前年所得（１月から６月までに申請する場合は前々年の所得）が一定額以下の場合です。こちらも申請が承認されれば、保険料の納付が猶予されます。

国民年金保険料の免除や猶予申請をしておくと、保険料を払った場合、２分の１の老齢年金が受け取れたり、不慮の事態が発生したときに、障害年金や遺族年金をもらえたりするメリットがあります。また年金を受給するのに必要な受給資格期間にも算入されるので、年金が受け取れなくなるリスクを軽減できるのです。

国民年金保険料の免除制度

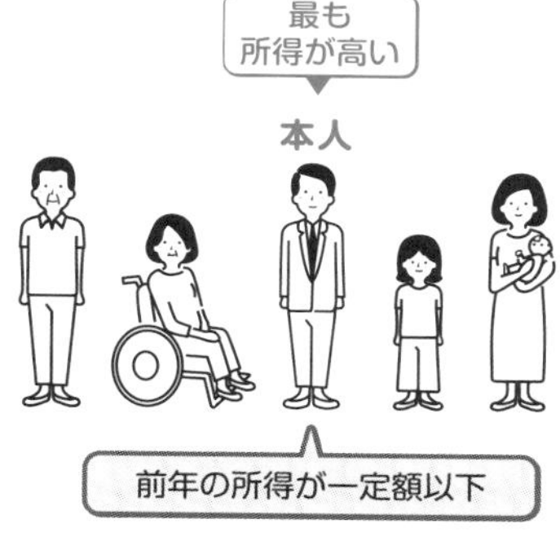

「本人・配偶者・世帯主のうち、最も所得が高い人」の前年の所得が一定額以下

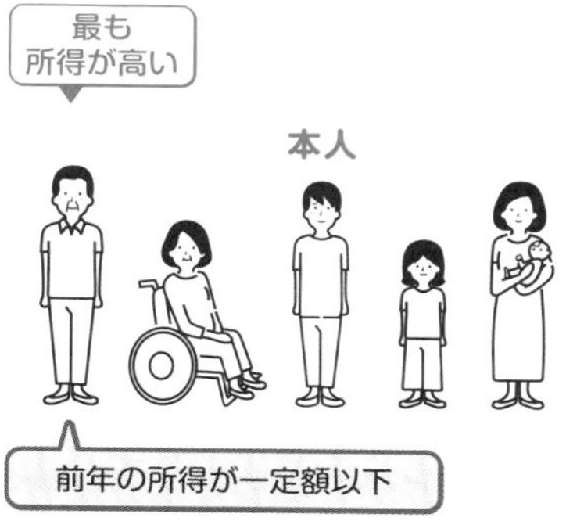

「配偶者・世帯主のうち、最も所得が高い人」の前年の所得が一定額以下

学生や出産期間に伴う免除、納付猶予制度も！

学生で本人の所得が一定額以下の場合、在学期間中の年金保険料の支払いを最長10年間猶予できる「学生納付特例制度」が利用できます。

また2019年4月より、第1号被保険者が出産で働けなくなる期間を支えるため、「産前産後期間の免除制度」が新設されました。出産する加入者は、出産予定日または出産日が属する月の前月から4カ月間、国民年金保険料が免除されます。

これ以外にも、会社を退職した人には「失業による特例免除」もあります。年金保険料が払えず未納のままにしておくと、年金が受け取れなくなる可能性が高まります。収入が大きく減少したら必ず、免除や納付猶予の申請を行いましょう。

13 「障害年金」で障害のある方の生活をサポート

突然障害を抱えてしまったらどうしよう……。そんなときに頼りになるのが「障害年金」です。

「障害年金」とは

公的年金といえば、老後に受け取れる老齢年金のイメージが強いかもしれません。しかし、これ以外にもいくつかの年金制度が完備されています。

「障害年金」とは、病気やケガにより生活や仕事などが制限される状態になった際に受け取れる年金です。病気やケガではじめて病院を受診したとき、国民年金に加入していた者は「障害基礎年金」が、厚生年金に加入していた者は「障害厚生年金」が受給できます。

障害基礎年金の対象となるのは、20歳から65歳未満の年金加入者です。障害等級が１級・２級の状態にある場合に支給されます。65歳以上になると、障害基礎年金から老齢基礎年金に切り替わるしくみです。

障害厚生年金の対象者は、病気やケガの初診時点で厚生年金に加入している方です。そして、障害基礎年金の１級または２級に該当する障害の状態になったときに、障害基礎年金に上乗せされて障害厚生年金も支給されます。また、２級に該当しない場合は３級の障害厚生年金が、初診日から５年以内に病気やケガが治り、障害厚生年金を受けるよりも軽い障害が残ったときには、障害手当金という

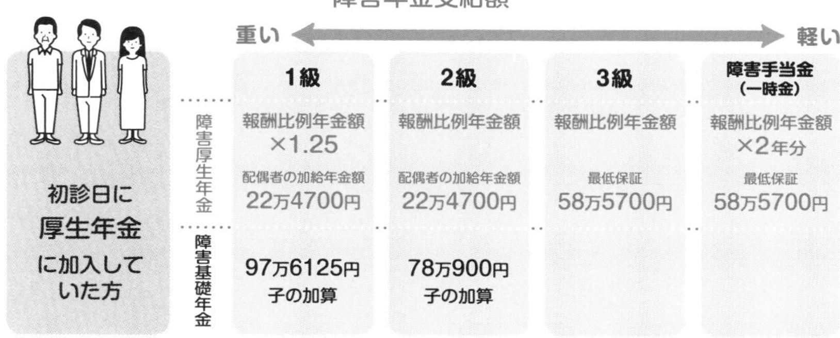

一時金が受け取れます。障害年金も、国民年金加入者より厚生年金加入者のほうが手厚い保障が受けられるのが特徴です。

障害年金受給額
重い
軽い
初診日に
厚生年金
に加入していた方
1級
2級
3級
障害手当金
(一時金)
障害厚生年金
報酬比例年金額
×1.25
配偶者の加給年金額
22万4700円
報酬比例年金額
配偶者の加給年金額
22万4700円
報酬比例年金額
最低保証
58万5700円
報酬比例年金額
×2年分
最低保証
58万5700円
障害基礎年金
97万6125円
子の加算
78万900円
子の加算

なお障害年金を受給している方は、国民年金保険料の払い込みが免除されます。収入がなくても安心して生活できるように配慮されているのです。

 障害年金、受け取れる金額は？

障害年金の受給額は、その障害等級によって異なります。障害基礎年金の場合、障害の程度が最も重い1級と診断されると、78万900円×1.25倍が、2級と診断されると78万900円が受け取れます。18歳未満の子どもや、20歳未満で障害等級1級または2級の子がいる場合は、第1子・第2子で子ひとり当たり22万4700円、第3子以降は7万4900円が加算され、世帯人数が多いほど手厚くサポートされます。厚生年金も障害の程度によって保障内容が変わります。

もし自分の子どもが障害児と診断されたら保障は受けられるのでしょうか？この場合は、国の制度である「障害児童福祉手当」や「特別児童扶養手当」、さらに住んでいる自治体独自の手当が受給できます。詳しくは市区町村の役所に確認するといいでしょう。

14

年金額が増やせる「企業年金」や「国民年金基金」

国民年金や厚生年金以外の年金制度も利用できると、老後に受け取れる年金がさらに増えます。

企業によって利用できる「企業年金」

企業年金とは、制度導入している企業で働いている方だけが利用できる年金制度です。元々は「退職金を分割して受け取る」という意味合いでした。1962 年には「税制適格退職年金」が、1966 年には「厚生年金基金」が誕生し、運用されてきましたが、バブル崩壊とともに年金運用の状況が悪化します。その結果、2001 年には「企業型 DC」、2002 年には「確定給付企業年金」が登場し、会社によって制度が導入されています。

企業型 DC は、企業が毎月の掛金を拠出し、加入者である従業員が自分で年金資産の運用を行う制度です。掛金額は社内の役職などで異なり、上限額が設けられています。制度全体で決まっている上限は、ほかの企業年金があれば月 2 万 7500 円、ほかの企業年金がなければ月 5 万 5000 円です。企業の掛金額が少ない場合は、この上限額まで従業員が掛金額を上乗せできる「マッチング拠出」も可能です。企業型 DC は自由に運用できる半面、将来受け取れる年金額が確定していないという注意点があります。

一方の確定給付企業年金は、会社が掛金の拠出から運用、管理、給付までの責任を負う企業年金制度です。企業型DCと違い、将来の給付額が確定しています。しかし企業への負担が大きいため、大きな企業しか制度を導入できません。

いずれの制度も年金額が増えるのは共通しています。あなたの会社に制度があるか、一度確認してみるといいでしょう。

国民年金にプラスする「国民年金基金」と「付加年金」

将来の年金額が比較的少ないのが、自営業者やフリーランスなどの第1号被保険者です。その年金額を増やせる制度が「国民年金基金」と「付加年金」です。

国民年金基金は、20歳以上60歳未満の自営業者や家族などが加入でき、加入時の年齢に応じて年金額が加算されます。加入する口数を選べるので、少ない金額からでも加入できるのが特徴です。

付加年金は国民年金基金よりもさらにハードルが低い制度です。国民年金に月400円を上乗せすれば、「200円×付加保険料納付月数」の年金額が加算されます。２年以上受け取れば、支払った付加保険料以上の年金がもらえます。

第１号被保険者で老後資金に不安のある方は、このような制度の利用も検討してみてはいかがでしょうか。

年金額を増やせる制度

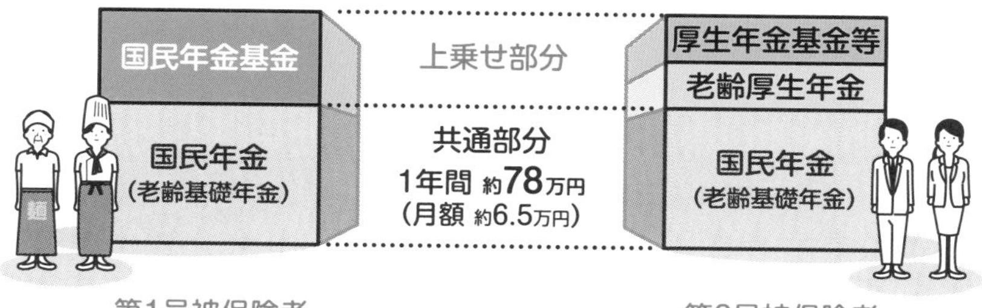

15 残された家族をサポートする「遺族年金」

年金保険料を払い込んでいた本人が亡くなってしまった場合、残された家族をサポートする制度として「遺族年金」があります。

「遺族基礎年金」と「遺族厚生年金」

「遺族年金」は、国民年金や厚生年金の被保険者または被保険者だった方が亡くなった際、その方と生計を共にしていた遺族が受給できる年金です。

国民年金からの年金（遺族基礎年金）がもらえる条件は、「亡くなった方が国民年金の被保険者であること」もしくは「老齢基礎年金の受給資格期間が25年以上あること」です。ただし死亡日の前日から数えて、保険料納付済期間が加入期間の３分の２以上あることも条件となります。よって国民年金の未納期間が多いと、遺族に年金が支給されない可能性が高まるのでご注意ください。

一方、厚生年金からの年金（遺族厚生年金）がもらえる条件は、「亡くなった方が厚生年金の被保険者だったこと」もしくは「厚生年金の被保険者だった間に受けた傷病が元で、初診の日から５年以内に死亡したこと」です。こちらも遺族基礎年金と同様に、死亡日の前日に保険料納付済期間が、国民年金加入期間の３分の２以上あることが条件となります。ただし2026年（令和８年）４月１日までの特例として、死亡日に65歳未満であれば、死亡日の前日において、死亡月の２カ月前までの１年間、保険料を納付しなければならない期間中に保険料の滞納がなければ、遺族厚生年金が受けられることになっています。ほかにも、老齢厚生年金の受給資格期間が 25 年以上ある方や、１級・２級の障害厚生年金（障害共済年金）を受けられる方が死亡した場合も、遺族厚生年金の対象となります。

遺族厚生年金が受け取れるのは、死亡した方によって生計を維持されていた妻やおおむね 18 歳未満の子・孫、もしくは 20 歳未満で障害等級 1･2 級の子・孫です。さらに､55 歳以上の夫や父母、祖父母も一部条件はありますが、遺族厚生年金の対象となる可能性があります。

遺族厚生年金は、遺族基礎年金に比べて受け取れる遺族の範囲は広いですが、子のいない 30 歳未満の妻は５年間の有期給付になったり､55 歳未満の夫は受け取れなかったりと限定的でもあります。万が一遺族年金の対象となったら、市区町村の役所に詳しく確認するといいでしょう。

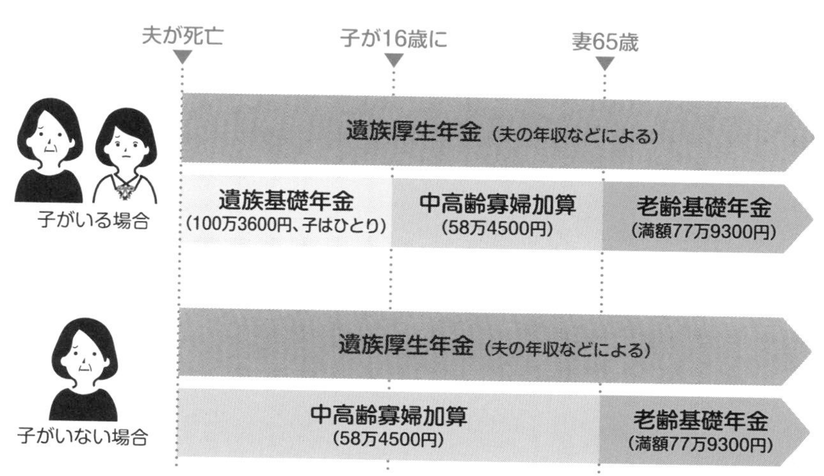

16 iDeCoで「自分の年金」を作る

iDeCoは、自己責任で「自分の年金」が作れる制度です。節税の観点からもメリットがあります。

「iDeCo」の基本を押さえておこう

iDeCoは、年金保険料を自分で拠出し、自分で決めた運用方針によって年金を運用する、任意加入の年金制度です。少子高齢化により老後資金への不安が高まっていることや、年金受取時期が後退していることを背景に、「自分で老後に備えるための制度」として誕生しました。

iDeCoの掛金額は、加入している公的年金や企業年金の加入状況によって、月1.2万円から月6.8万円まで開きがあります。利用できる制度が最も少ない第1号被保険者は、月6.8万円までiDeCoに掛けられるので、収入状況に応じて無理のない程度に利用するといいでしょう。ただし、この掛金の上限は、国民年金基金と共有になっているため、国民年金基金に加入している場合はその掛金分、iDeCoの枠が減ります。

iDeCoで積み立て、長期運用したお金は、原則60歳から受け取れます。受け取り方法は「年金」「一時金」「年金・一時金の併用」の形から選択します。また万が一iDeCoの加入者が亡くなった場合には、遺族が「死亡一時金」としてiDeCoの口座にあったお金を受給できます。

iDeCoのメリットとデメリット

iDeCoに加入するとどのようなメリットがあるのでしょうか。まず、iDeCoの掛金は、その年の所得から控除できます。もし年間36万円の掛金を拠出していた場合、その年の課税所得から36万円が差し引かれ、所得税と住民税が減額されるのです。次に、iDeCoの口座内で運用するお金は、利益に対する税金がかかりません。本来なら運用益に対する税金は、20.315%。この約2割が引かれないのは大きなメリットでしょう。そして、受け取り時にも税金優遇があります。年金として受け取る場合には「公的年金等控除」の対象、一時金として受け取る場合には「退職所得控除」の対象になりますので、通常よりも節税できるのです。

対してiDeCoのデメリットは、60歳以上にならないと原則受け取れないことです。子どもの学費や住宅購入資金など、現役時代に必要なお金の準備には不向きですので注意しましょう。老後に向けた長期資金の運用には最適な制度です。まずは、少額から積み立ててみてはいかがでしょうか。

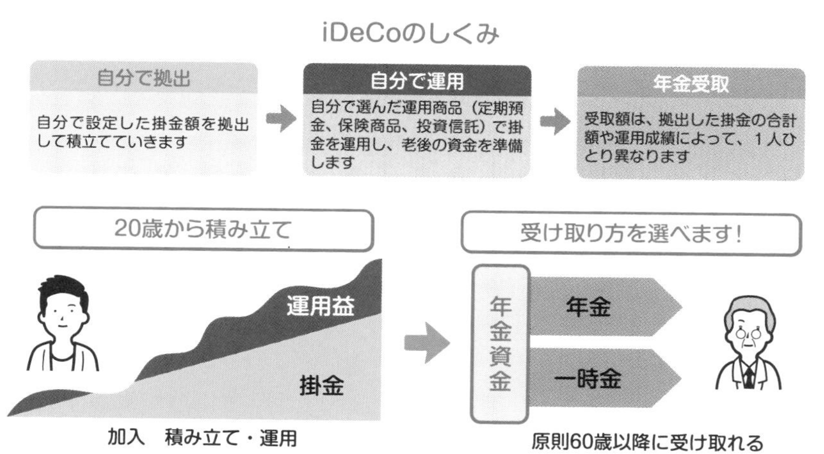
iDeCoのしくみ
自分で拠出
自分で設定した掛金額を拠出して積立てていきます
自分で運用
自分で選んだ運用商品（定期預金、保険商品、投資信託）で掛金を運用し、老後の資金を準備します
年金受取
受取額は、拠出した掛金の合計額や運用成績によって、1人ひとり異なります
20歳から積み立て
運用益
掛金
加入　積み立て・運用
受け取り方を選べます！
年金資金
年金
一時金
原則60歳以降に受け取れる

第6章

お金を増やす

1 お金を増やす「目的」と「方法」

月々の収入で生活資金が十分に貯まってきたら、貯蓄だけでなく、お金を運用して増やす投資や資産運用も検討してみましょう。

お金を増やす「目的」と「鉄則」

日々の収支バランスが改善されると、毎月少しずつ貯蓄ができるようになります。定期預金や普通預金という「安全資産」にお金を預けておくことも必要ですが、長期的に使用しないと思われるお金に関しては、お金自身に働いてもらう「投資」を行い、少しでも効率的に資産を増やすことを考えてもいいでしょう。

投資する際に考えるのは、投資の目的です。投資とは利益を見込んでお金を出し、値動きや複利を利用して時間をかけて少しずつお金が増えることを期待するものです。

確実に予定していた利益が出るかはわかりませんが、やり方次第では、銀行に預けるよりも効率よくお金を増やせる可能性があります。初心者はまず、長期的に叶えたい目標に向けてはじめてみましょう。「子どもの大学資金の 100 万円分は預貯金で賄うとして、あとの 100 万円は 15 年ほど投資信託を積立運用して貯めてみよう」など、余裕を持ったプランを立ててみるといいでしょう。

投資計画を立てる際には、金融庁や各金融機関などがインターネット上で提供している、資産運用シミュレーションツールが利用できます。計算するときは、年間利回りをやや低めに設定すると、より堅実なプランが作成できます。

また投資の鉄則は「余裕資金で運用すること」。投資はお金が増えるかもしれない、または減るかもしれない、不確定なものです。よって日々の生活資金を投資に回すのはやめましょう。「このお金がなくても数カ月～半年は生きていけるな」というお金を、少しずつ投資に回すのがおすすめです。

投資の種類とは？

近年、投資商品や投資サービスが非常に多くリリースされているので、投資の種類が把握しきれない方も多いのではないでしょうか。代表的な投資の種類は次の６つです。

- **債券**
- **株式**
- **投資信託**
- **外貨預金**
- **FX**
- **不動産投資**

本章では、この代表的な投資手段を中心に紹介していきます。それぞれの投資手段の特徴や期待できる利益の目安などがわかるようになりますので、ぜひ参考にしてください。

2

「リスク」と「リターン」

投資はその手段や商品によって、期待できる利益や損失を受ける可能性のある幅が異なります。

リスクとリターンは表裏一体

投資方法を決める前に、「リスク」と「リターン」について知っておきましょう。リスクとは「結果が不確実であること」を意味し、具体的には「収益の振れ幅」を指します。例えば値動きのある商品Ａと商品Ｂのうち、ＡよりもＢの価格の変動幅が大きいとき、ＡよりもＢのほうが「リスクが大きい」といえます。

このリスクと表裏一体なのが、リターンです。リターンとは、「投資によって得られる利益・収益のこと」です。リスクが大きいほどリターンも大きくなり、リスクが小さいほどリターンも小さくなるという性質があります。

例えば、預貯金、債券、投資信託、株式という４つの資産のリスクおよびリターンの幅は、次のように比較できます（ただしこれは一般論であり、実際には市場情勢や選ぶ銘柄・商品によって異なります）。

【リターンとリスクの幅】

預貯金＜債券＜投資信託＜株式

リスクが大きいほうが多くのリターンを得られる可能性が高いですが、大きく損失を出す可能性も同じくらい高いです。はじめて投資を行う際は、なるべくリスクの小さな投資手段から取り組むといいでしょう。

「投資」と「投機」の違い

「投資」と「投機」。非常によく似た言葉ですが、意味は全く異なります。投資とは、「長期的な目線で資産にお金を投じること」。短期的な取引は避け、時間をかけて資産を育てていくイメージです。一方の投機とは、「短期的な利益を狙って取引をすること」。「レバレッジ」をかけて資産を膨らませ、1日に何度も取引するようなものは投機のひとつです。

投資も投機も、資産が増える分には喜ばしいことです。しかし、問題は資産が減ったとき。投機は資産が大きく目減りしたり、場合によっては実際の資産よりも大きな損失を出したりする可能性があります。

投機ではなく、長期的かつ計画的な投資を行うようにしましょう。

3 ローリスク・ローリターンの「債券」

資産運用の中でも比較的ローリスク・ローリターンなのが、債券による投資です。債券とはいったいなんでしょうか？

債券とはなにか？

債券とは、国や地方自治体、企業などの「発行体」が、投資家から資金を借りるために発行する有価証券のことです。債券にはそれぞれ満期が定められており、満期を迎える「償還日」には、債券の元本（額面金額）が発行体から投資家に戻ってきます。預けている間は利子を受け取ることができ、この利子が利益部分となります。債券とは、投資家が発行体から受け取る「借金証書」のようなものです。債券は発行体によって、右図のように呼び名が変わります。

債券のリスク・リターンは、発行体や債券によって異なります。最もローリスク・ローリターンといわれるのは、国債です。個人では「個人向け国債」を購入できます。国債は国が発行しているので、国がなくならない限りお金が返ってくるしくみです。市町村などの地方自治体が発行する公共債、地方債も比較的リスクが抑えられます。

一方、一般企業が発行する社債は、満期まで特段問題がなければ、国債や地方債よりも多くの利子を得られます。しかし万が一企業が倒産した場合には、債券

債券のおもな種類

発行体	債券の名称	平均的な利回り（税引き前）
国	国債	3年債、5年債、10年債 ……0.05%
地方自治体や 公共団体	公共債、 地方債など	5年債 ……0.005% 10年債……0.06~0.08%
一般企業	社債	0.1~0.9%程度と幅広い

の元本が返ってこない可能性がありますので、こうした倒産リスク（デフォルトリスク）の低い企業に投資するといいでしょう。

各債券の平均的な利回りは、上図を参考にしてください。

さまざまな債券

債券は、新規に発行される「新発債」だけでなく、すでに発売されている「既発債」を購入するという方法もあります。既発債は証券会社の窓口などで販売されることが多いので、なじみがないかもしれません。新発債は、事前に公表されている「額面金額」で募集されますが、既発債は債券市場での価格に合わせた「時価」で売買されます。よって利回りが変動するため、購入するタイミングは担当者によく確認すると安心です。

私たちが購入できるのはおもに日本の債券ですが、海外債券も市場で取引されています。海外債券は為替が変動するリスクも負うため、国内債券に比べてリスクが高くなる点に注意が必要です。

4 企業へ投資する「株式」

投資の中で広く知られているのが「株式投資」です。株式投資の基本を押さえておきましょう。

「株式投資」とはなにか

株式とは、企業が資金を調達する手段のひとつです。株式を購入すると「株主」になり、配当金や株主優待、株主総会で議決する権利を得ることができます。

このうち、証券会社の厳格な審査を通過して証券取引市場に上場した銘柄を売買し、利益を得るのが「株式投資」です。株式を売買する際は、基本的には100株単位で取引します（銘柄によって異なります）。これを「単位株」といいます。

株式投資で利益を出す方法

株式投資で利益を得る方法はおもに２つあります。ひとつは、値上がり益による利益です。これを「キャピタルゲイン」といいます。「安く買って高く売る」というシンプルな手法です。もうひとつは、配当金による利益です。これは「インカムゲイン」といいます。長期保有するほど、効率的に配当金が蓄積されます。

どちらの手法にも共通するのは、銘柄選びや購入するタイミングが重要であること。株式はさまざまな理由から値動きしますが、企業の業績が悪化して倒産したら、その価値は吹き飛んでしまいます。投資する銘柄を本格的に選ぶなら、株のレポートなどを読み、その株の良否を判断した上で株価チャートの形状から株式を分析する「テクニカル分析」を活用して投資のタイミングをはかったり、上場企業の業績や将来性から分析する「ファンダメンタルズ分析」を使ってもよいかもしれません。

とはいえ、投資初心者が株式分析を行うのは難易度が高いです。やってみたいと思うのであれば、まずは貯金や投資信託などで資産のベースをしっかり作り、近所のスーパーやコンビニ、利用している家電メーカーなど、生活の中で触れる有名企業の株式を100株だけ購入し、定期的に値動きを確認して、株式投資に慣れていくといいでしょう。

株の売買で利益を出す方法（例：キャピタルゲイン）

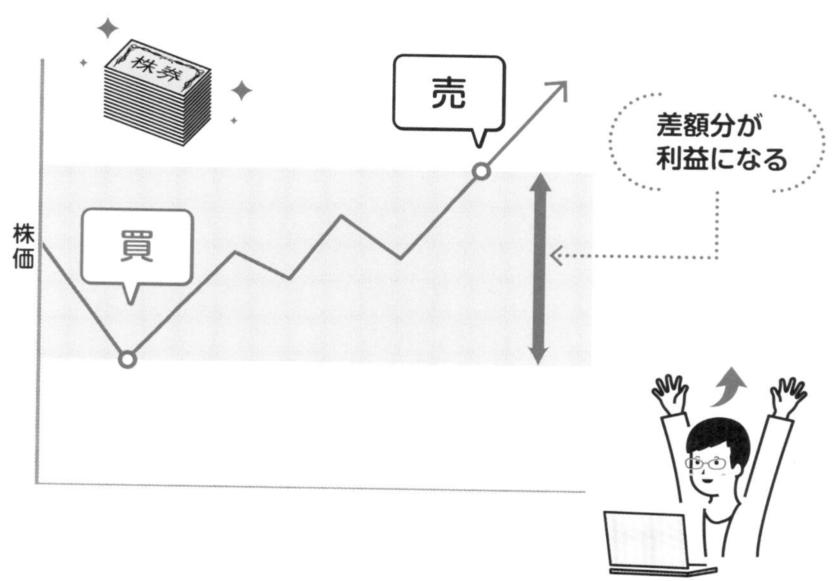

5 新規に公開される株を売買する「IPO」

通常の株式投資では、すでに公開された株式を売買しますが、これから公開される株を購入する「IPO」という投資法もあります。

 「IPO」とはなにか

「IPO（Initial Public Offering）」とは、新たに証券取引所に上場して、投資家に株を公開することです。IPO 株を購入する際は、事前に担当の証券会社に申し込み、株を買う権利を得る必要があります。この権利を手に入れた投資家だけが上場前に株を購入できるのです。

IPO は初心者投資家にも人気があります。その理由は、上場直後に値上がりしやすいからです。上場日のはじめにつく「初値」が、事前に株を購入した際の価格を上回るケースが比較的多いのです。そのため IPO 株を購入する権利は、多くの場合、抽選となります。

IPO の抽選方法は、実は証券会社や銘柄によって異なります。すべての投資家が平等に抽選される「完全平等抽選」、投資家が持っている資産によって当選確率が変わる「資産比例抽選」のどちらかであるケースが多いです。近年は、店舗を持たないネット証券でも、IPO を積極的に取り扱う姿勢が見られます。

IPO に申し込む流れ

IPO に申し込みたい場合はどうすればいいのでしょうか。まずは証券会社の公式サイトなどで IPO が実施される情報を掴みます。次に IPO の抽選に参加するため、「ブックビルディング」に申し込みます。このブックビルディング期間が終わると、担当の証券会社は実際に株式を購入する際の価格である「公募価格」を決定します。購入できる投資家の抽選を行い、結果を各投資家へ通知します。当選した場合は正式に手続きを行い、IPO 株が購入できるという流れです。

IPO 株はたしかに初値での値上がりが期待できますが、その後の値動きは大きく変動しがちです。IPO の抽選に当選して購入権利を得られたら、上場当日に値上がりしたのを確認して当日中に売り抜けると、利益を得やすいのではないでしょうか。

IPOの流れ

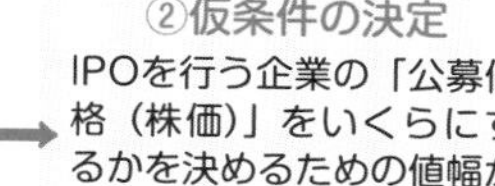

①IPOの承認
厳しい審査基準をクリアした企業が、東証やジャスダックなどへ上場を認められます。

→

②仮条件の決定
IPOを行う企業の「公募価格（株価）」をいくらにするかを決めるための値幅が決定します。

→

③ブックビルディング（需要申告）
「私は株価■■円で▲▲株申し込みます」と抽選参加の意思表示を証券会社で行います。

個人投資家はココから抽選に参加します！

→

④公募価格の決定
ブックビルディングの需要を考慮してIPOの「公募価格」を決定します。

→

⑤抽選
公募価格以上でブックビルディングに参加した人の中から抽選します。
抽選方式は証券会社により異なります。

→

⑥当選&購入
抽選で当選するとIPOを購入できます。
当選した場合は忘れずに購入しましょう。

6 あらゆる資産に分散投資！「投資信託」

投資の基本は「分散投資」です。この分散投資を行いやすいのが「投資信託」という金融商品です。

「投資信託」と「分散投資」

投資信託とは、投資家から集めたお金をひとつの「ファンド」としてまとめ、資産運用の専門家が株式や債券などに投資・運用する商品です。運用する方針や組み入れる資産・銘柄は投資信託ごとに事前に定められており、運用成果に応じて利益が分配されることもあります。

より安定的に投資を行うなら「分散投資」が重要です。分散投資とは、値動きのリスクを極力抑えるための手法で、投資する資産や国・地域、投資タイミングなどを分散します。投資信託は、ひとつの投資信託で数多くの株式や債券などに分散投資することができるので、株式や債券単体に投資するよりも、比較的安定した値動きと利益が期待できます。

投資信託の種類は、投資対象の資産によって大きく７つに分けられます。

- **国内債券ファンド**
- **海外債券ファンド**
- **国内株式ファンド**

- 海外株式ファンド
- 国内リート（REIT・不動産投資信託）
- 海外リート
- バランスファンド

投資する資産によって、リスクとリターンが異なります。より堅実な運用を期待するなら国内債券や海外債券ものの投資信託を、より積極的な運用を期待するなら株式やリートを含んだ投資信託を選ぶといいでしょう。

 最近の主流は「長期・積立・インデックス投資」

投資信託の流行は時代ごとに変わります。近年は、比較的おだやかな値動きを目指す「インデックス運用」を行う投資信託に、長期的に積立投資する手法が流行っています。期待できる利回りは3～5%が目安で、そこまで高い利回りではありません。しかし、長期運用によって「複利効果」を得た結果、最終的には大きな資産が貯まることが期待できます。数年～数十年預けておける資金を使って、じっくりと運用するといいでしょう。

7 非課税で運用する「NISA」と「つみたてNISA」

資産運用によって得た利益には、一定の税金がかかります。しかし、この税金がかからない制度があるのです。

 「NISA・つみたてNISA」とは

NISA・つみたてNISAとは、少額からの投資を行う方を対象とした非課税制度です。資産運用では、銘柄・商品の売却益や分配金などに20.315%の税金が原則かかります。しかし、NISA口座やつみたてNISA口座で運用した資産に関しては、この税金がかかりません。利益をまるごと受け取ったり再投資したりできるのが、NISAやつみたてNISAの大きなメリットです。

NISAとつみたてNISAは、さまざまな違いがあります。

まず投資対象です。NISAは日本株式や海外株式、投資信託などあらゆる資産が対象ですが、つみたてNISAは金融庁が認めた投資信託のみが対象となります。

次に非課税になる期間と金額です。NISAの非課税期間は5年間で、年間の非課税枠は120万円です。よって最大600万円分の投資に税金がかかりません。一方、つみたてNISAの非課税期間は20年と長く、年間40万円の非課税枠があります。最大800万円の投資が非課税になるのがつみたてNISAの強みです。

実はNISA制度にはもう1種類、「ジュニアNISA」があります。ジュニアNISAは0～19歳の未成年を対象とした制度で、両親や祖父母の管理のもと、

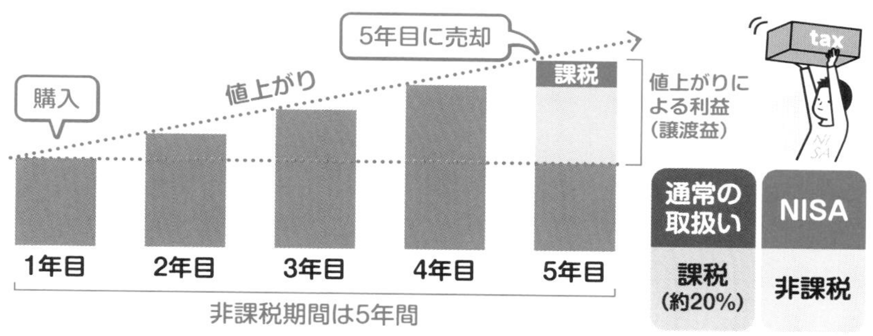

子どもの資産を非課税で運用できます。ジュニアNISAの非課税枠は最大400万円（80万円×5年）と大きいですが、子どもが20歳以上になってからしか受け取れず、需要が伸び悩み、2023年末で制度が終了することになりました。

 NISA・つみたてNISAのどちらを選んだらいい？

NISAとつみたてNISAのどちらを選ぶかは、投資対象と金額、お金が必要となる時期で決めてみてはいかがでしょうか。例えば、日本株に投資をしてみたいと思ったらNISAを、株式を直接購入するのは怖いと思ったらつみたてNISAを選んだらいいと思います。また年間の投資枠が40万円で不足すると感じたらNISAを、40万円で十分ならばつみたてNISAが適切です。

実はNISAは2024年に改正され、「新NISA」になります。安定投資を行う「1階部分」と、現行のNISAと同じ条件で投資できる「2階部分」に分かれ、1階は年間20万円まで、2階は年間102万円まで、それぞれ5年間投資が可能です。5年間の非課税投資が終わると、1階部分はつみたてNISAに乗り換えることができ、計25年、非課税運用ができます。

投資をするのなら、非課税枠は効率よく使いたいものです。

8 「外貨預金」はただの預金ではない！

証券会社だけでなく銀行でも扱っている外貨預金。日本円の預金と同じ感覚で利用していると、損をしてしまうかもしれません！

外貨預金は金利と為替レートによる運用

外貨預金とは、米ドルやユーロなど日本円以外の「外国の通貨」で預金をすることです。日本は今、超低金利で利息があまりつかない状況であり、2、3% といった高金利もあり得る外貨預金に、魅力を感じる方もいることでしょう。しかし、いいことばかりではありません。

外貨預金では、日本円を外国通貨に換えて銀行に預けるのですが、その通貨の交換比率は、刻々と変化しています。例えば、半年前は1米ドル100円ほどだったのに、10カ月後の今は1米ドル114円付近というように、同じ1米ドルにおける円の価値が違っているのです。この通貨の交換比率のことを、「為替レート」といいます（詳しくはP.28 ~ 29をご覧ください）。

この為替レートの影響を受けるのが外貨預金です。預け入れをした後に、円高になれば損失を出し、円安になれば利益が出ます。これを為替差損、為替差益といいます。もし、損失に傾いても、金利でカバーできることもあります。しかし、なかなか思いどおりにうまくはいきません。

また、通貨を交換するときに手数料の負担が生じますが、手数料は為替レートに含まれています。預け入れのときにはほとんど手数料がかからないことが多いのですが、払戻しのときには手数料が加算されます。そのため、預入時の為替レートはTTS（Telegraphic Transfer Selling）、払戻時の為替レートはTTB（Telegraphic Transfer Buying）として、手数料込の金額を表示し、わかりやすくしています。この金額は、通貨や金融機関によって異なるため、注意したいものです。為替レートの差で利益が出ても、手数料でその利益が減ってしまうからです。

「預金だから安心」と思ってはいけない

預金などのしくみはわかりやすく、安心だと思われるかもしれませんが、外貨預金において「預金だから元本が保証される」という考えは、捨てなくてはいけません。

確かに元本は保証されますが、それは「外貨」の保証です。為替レートの変動によって、預入時より増えて戻るのか、減って戻るのかが左右され、日本円に換えるときには、場合によって元本割れの状態となることもあります。利息で一見増えたように見えても、為替レート次第ではそれがなくなり、結果マイナス、ということもよくあるのです。

数年前から「外貨建ての保険」に入る人が目立つようになりました。老後資金不足に対応するために、外貨で運用して資金作りをするのも手ですが、これも外貨預金と同じようなデメリットがあります。このしくみを理解して外貨を持てるかどうかで、外貨とのつき合い方が変わるでしょう。

9 レバレッジを利用したFX・CFD

資金をより効率的に増やしたいなら、「レバレッジ」が使える FX や CFD という手段があります。そのメリットとデメリットを知っておきましょう。

 FX・CFD ってどんな投資方法？

FX とは、外貨を売買して利益を得る投資方法です。別名を「外国為替証拠金取引」といいます。この証拠金取引とは、FX 業者に証拠金を預ける取引のことです。証拠金を担保のように預けることで、資金そのものではなく売買の損益のみを受け渡しする「差金決済」が可能になります。つまり、現金そのものをやり取りするよりも効率的な投資ができるのが、FX の大きな特徴です。

もう少し詳しく見てみましょう。FX は現在、最大 25 倍の「レバレッジ」を効かせることができます。このレバレッジは「てこの原理」を意味し、例えば 10 万円を 25 倍の 250 万円分の資金として利用できるのです。レバレッジをかけることで、少額でも大きな利益を得られる可能性があります。

しかし、レバレッジにもデメリットがあります。それは、利益だけでなく損失も大きくなりやすいことです。もしも、レバレッジをかけた取引で大きな損失が出て、「ロスカット」という強制決済されるラインを割ってしまったとします。この場合、期日までにお金を追加で入れないと資金が強制決済されてしまうので、最初は低いレバレッジにとどめておくと安心です。

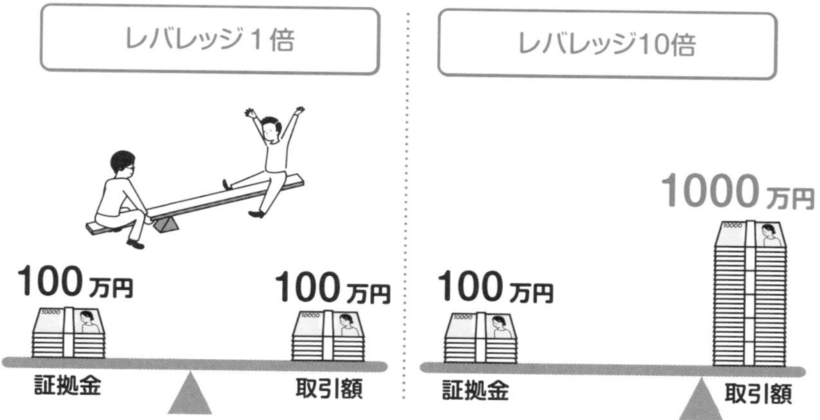

CFD（Contract for Difference）は、FXを含めた差金決済取引全般のことです。FXは通貨の差をやり取りしますが、CFDでは日経225などの株価指数や、金や原油などの商品も、レバレッジをかけて取引できます。FXと似たような取引手法なので、今後日本でもメジャーになる可能性があります。

 FX・CFDで利益を得る方法

FXやCFDで利益を得るには、2つの方法があります。ひとつは、為替や株価指数などを安く買って高く売り、利益を出す方法。もうひとつはおもにFXが対象になりますが、外貨の金利を受け取って金利収入を得る方法です。短期で大きな利益を狙うなら売買による利益を、長期でじっくり利益を出すなら金利収入を期待するといいでしょう。ただし、FXやCFDはレバレッジをかけるほどリスクが大きくなりますので、無理のない範囲でチャレンジするのがおすすめです。

10

金や原油、商品への投資「コモディティ投資」

投資できるのは、株式や債券だけではありません。金や原油などの形あるものも、金融市場で取引されています。

 金や原油への投資はリスクが高い？

投資というと株式や債券、投資信託が代表的ですが、金や原油など実物のあるものにも投資ができます。この投資をまとめて「コモディティ投資」といいます。ただし、実物をやり取りするわけではありません。金や原油などの価格に連動する金融商品を売買するのです。よく売買される商品は、次のとおりです。

- **金、銀、プラチナ**
- **原油、天然ガス、ガソリン**
- **小麦、とうもろこし、大豆など**

コモディティ投資のメリットは、なにに投資するかがわかりやすく、値動きによっては大きな利益が得られる点です。一方で、値動きが大きくなりやすいので、大きな損失に繋がる可能性もあります。

こうした商品を取引する方法は、株式のように上場している投資信託である「ETF」や、前ページで紹介した「CFD」、そしてしくみがやや難しい「先物取引」が代表的です。はじめてコモディティ投資に挑戦するなら、値動きが比較的穏やかになりやすいETF、もしくは少額から購入できるCFDからはじめるといいでしょう。

また現物を少しずつ購入する投資法もあります。代表的なのは「純金積立」です。業者から金を毎月1000円など少額で購入し続け、利益が出た時点で売却する方法です。金がある程度まとまった重さになった際に、「金の延べ棒」に交換できる業者もあります。また金貨を一括で購入し、保管しておく方もいらっしゃいます。いかにも「お金持ち」な投資法ですが、盗難には注意してください。

目的別コモディティ投資の例

現物を保有したい

- 少額で投資 → **純金／プラチナ積み立て**
  毎月1000円程度から積み立てできる。一定量になれば現物との交換も可能になる業者が一般的です。
- 資金あり → **コイン・金地金**
  コインや金地金、宝飾品などとして購入。現物を持つ安心感は大きいが盗難リスクに注意が必要です。

金融商品に投資

- 長期投資 → **投資信託**
  金価格やコモディティ指数などに連動する投信に投資。長期積み立てがおすすめです。
- 低コストがよく、種類を選びたい → **ETF**
  株式と同様に市場で売買できる上場投資信託。保有コストが低く、「銀」「パラジウム」など単体の商品が充実しています。

短期売買で大きく稼ぎたい

- 企業に投資 → **金鉱株・資源株**
  鉱山などを保有する企業の株式に投資。配当がもらえる企業も。おもに外国株が候補になるため、外国株口座が必要です。
- レバレッジ投資 → **商品先物・CFD**
  自己資金以上の取引ができる（レバレッジ）、買いだけでなく売りからも入れるなど、短期の値幅取りに最適。売買コストも安い。知識が必要なため、上級者向きです。

11 家賃収入で暮らす!?「不動産投資」

「将来働かずに暮らしたいなあ……」。そんな夢を叶える手段が不動産投資です。そのしくみを見ておきましょう。

不動産投資のしくみ

不動産投資とは、自分が購入したマンションや戸建てなどを人に貸し出し、賃料を得る投資方法です。賃貸契約は基本的に２年更新なので、長期的にお金が入ってきやすいのが特徴です。

不動産投資のしくみはどうなっているのでしょうか。まず投資家はすでに持っている資金や、不動産投資用ローンを借りて資金を用意します。そしてマンションやアパートなどの物件を購入し、不動産オーナーとなります。すると入居者を募集し、入居してもらって、毎月の家賃収入を得るのです。ただし不動産を所有すると、不動産のリフォーム代や火災保険・地震保険、固定資産税など税金の支払いが発生します。またマンションの掃除やゴミ出し管理などは、自分で行うか人を雇って委託します。家賃収入からこうした経費を差し引き、残ったお金が利益になるのです。

しくみがわかっていても、なかなか思うように運営できないこともあります。不動産投資は素人が安易に手を出すものではありません。

不動産投資のしくみ

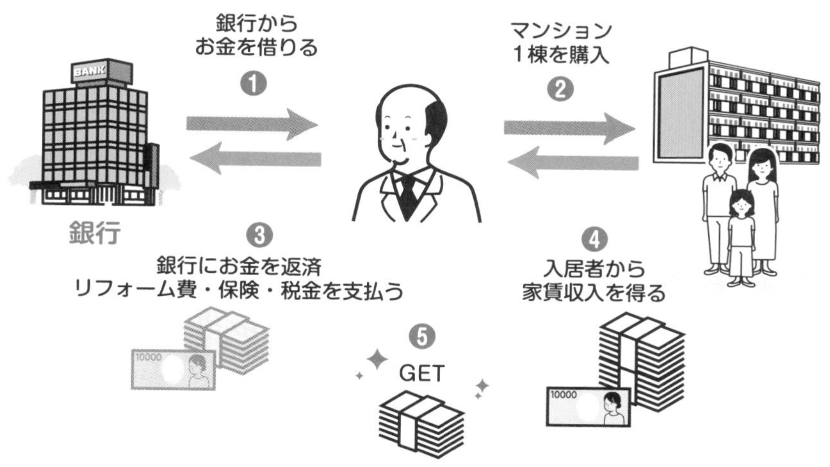

 不動産投資はハードルが高い？

不動産投資をはじめるのに必要なのは、不動産です。不動産を購入できるだけのまとまった資金か、その資金を借りられるだけの信用が必要になります。もしマンション１棟単位で購入するなら、億単位の資金が必要になるでしょう。

しかし近年は、マンション１部屋だけを購入する、築古の安い物件を購入し、リノベーションして貸し出すなど、比較的低予算で不動産投資を行う方法も増加しています。また人の住む家だけでなく、トランクルームや駐車場、コインランドリーといった施設を建てて運用する方法もあります。ほかにも、不動産に投資するファンドを集めた投資信託「REIT（日本の不動産に限定したJ-REITもある）」に少額から投資するという手もあります。

将来、年金にプラスして収入を得ながら暮らしたい方は、今から不動産投資に向けて知識を増やし、資金を蓄えておくといいかもしれません。

12 無料でできる投資も！ そのほかの投資方法

最近は少額から投資ができるサービスや、AI にお任せで運用できるサービスなど、さまざまな投資方法・サービスが充実しています。

無料で投資できる！　ポイント投資

近年人気が高まっている「ポイント投資」。T ポイントや楽天ポイントなど、各カード会社やキャッシュレス決済手段などで流通しているポイントを貯め、ポイントを現金代わりに運用して投資信託や株式などを購入できるサービスです。ポイントをそのまま運用し、売却後にはポイントとして戻ってくる方法を「ポイント運用」、ポイントを現金のように投資して、売却後には現金が戻ってくる方法を「ポイント投資」と呼び分けることもあります。

ポイント投資のメリットは、ポイントだけで投資ができること。基本的には100 ~ 1000 円程度のポイントを投資する方が多いので、まとまった資産を形成することには不向きですが、投資を気軽に体験できる点が大きな魅力です。

またスマートフォンの普及に伴い、スマホアプリで資産運用ができる「スマホ証券」も次々に登場しています。スマホで簡単に投資を行える気軽さや、いつでもどこでも投資ができる利便性がユーザーを集めています。

AIを活用したロボアド、事業に投資するクラウドファンディング

AIを投資に活用した金融サービスも登場しています。「ロボアドバイザー」は、ユーザーの投資傾向や希望を元に、AIが自動的に投資信託やETFなどを売買し、運用してくれるサービスです。自分で相場を見たり運用したりする時間がないという方に向いています。利用する際は、利用手数料が安いサービスを選ぶのがおすすめです。

将来性や収益性のある事業やプロジェクトに投資できるのが、「ソーシャルレンディング」。ソーシャルレンディングの事業者は、不特定多数の投資家から資金を集め、最低成立金額に達したら対象の企業やプロジェクトに融資を行います。そして事業から得た収益を投資家に分配し、最終的には貸した元本も返ってくるというしくみです。数～十数%の利回りが期待できるため人気があるものの、企業の倒産リスクに似た「貸し倒れリスク」があります。過去にはソーシャルレンディング事業者の不正によるトラブルも起きていますので、投資先や利用業者はしっかり吟味してください。

ソーシャルレンディングのしくみ

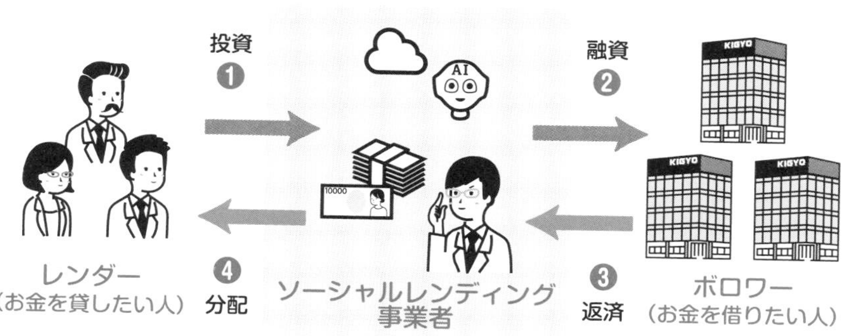

13

投資に関係する税金

投資によって利益を得た場合、どれくらいの税金がかかるのでしょうか？

 税金を自動的に差し引く「特定口座」と「損益通算」

投資によって得た利益に対しては、原則的に税金がかかります。税率はその投資商品ごとに違いますので、まずは株式や投資信託から見ていきましょう。

まず株式や投資信託、債券、預貯金などから得た売却益、分配金、配当などの利益には、20.315％（所得税15.315％、住民税5％　※復興特別所得税を含む）の税金がかかります。例えば利益が1万円だった場合、実際に受け取れるのは7968円です。

投資で得た収益は、基本的に確定申告の対象になります。しかし、株式や投資信託には便利な制度があります。それは「特定口座」です。証券会社で口座開設をする際に特定口座を選べば、資産運用で利益が出た場合に自動的に「源泉徴収」が行われ、確定申告が原則不要になるのです。もし自分で確定申告をしたい場合には、「源泉徴収なし特定口座」もしくは「一般口座」で取引します。

また、株式投資や投資信託で損失を出してしまった場合には、その損失を最大3年間繰り越せる「損益通算」が利用できます。もし前年に80万円の損失を出して損益通算の手続きを行っていた場合、当年に 90 万円の利益を出しても、10 万円しか税金の対象にはなりません。損益通算には確定申告が必要ですが、知っておきたいお得な制度です。

FX や不動産投資に関する税制

FX 取引の場合も、利益に対して 20.315％の税金が引かれます。ただし特定口座がないので、1 年間に発生した利益を計算して確定申告を行う必要があります。その際は FX 運用に関する経費（書籍代やパソコン代など）を利益から差し引くことが可能です。また、ほかに収入がない方は 48 万円超の収益、収入がある方は 20 万円超の利益が発生していなければ、確定申告は不要です。

不動産投資の場合は、まず不動産の取得時に不動産所得税や印紙税など、所有・運用中に所得税や固定資産税などさまざまな税金がかかります。賃料収入は「不動産所得」として、所得税の対象になりますので、毎年確定申告を行いましょう。

FX取引の所得

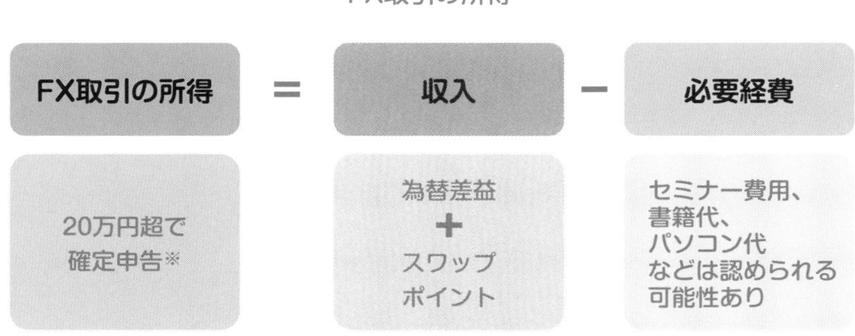

※損失繰り越し、損益通算の手続きも確定申告の必要あり

第7章

お金を引き継ぐ・残す

1 財産を引き継ぐのは意外と大変！

親やパートナーなどが亡くなった際、相続手続きを行って財産を引き継ぐ必要があります。これが予想以上に大変なのです……。

突然の相続で困ったことは？

親やパートナーの死。あまり考えたくはないですが、いつか来るそのときに、慌てふためいてしまう方も多いようです。

ある金融機関が一般の方に対して相続に関するアンケートを取ったところ、66%の方が「非常に大変だった」「大変だった」と回答しました。対する「簡単だった」「非常に簡単だった」は10%にとどまり、相続手続きに苦労した方の多さがわかります。

では、どのような点で大変さを感じたのでしょうか。多くの方は「手続きをする窓口がわからない」「手続き方法がわからない」「相続人同士の話し合いが難航した」「相続税を納めるまでの時間が足りなかった」などに苦労したそうです。

相続手続きの方法は義務教育で習わず、いざ相続が発生したときになってはじめてやり方を調べます。しかし相続手続きを行う方の多くは、働いているため、なかなか調べ物や手続きに時間が取れません。その結果、税金を多く払ってしまったり、財産が適切に分配されなかったりします。そんな相続に関することを、本章で解決しておきましょう。

相続手続きの流れ

相続手続きは非常に多くの決め事や処理事項があって煩雑です。そこでまずは、相続手続きのおおまかな流れを知っておきましょう。

まずどなたかが亡くなったら、死亡届を提出し、遺言があるかどうかを確認します。遺言があった場合は、その遺言が正当なものだと証明する「検認手続き」を行い、内容に沿って遺言執行手続きを実行します。遺言がなかった場合は、相続人や相続財産を確定した上で遺産分割協議を行い、遺産分割協議書を作成します。そして、どちらも相続税が発生する場合は10カ月以内に税務署宛に申告をして、手続きは終了です。

実際にはさらに細かな手続きが多いので、お仕事などで時間が取れない方は、弁護士に依頼して多くの手続きを代行してもらうといいでしょう。

相続手続きのスケジュール

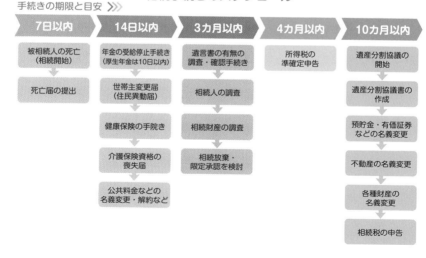

手続きの期限と目安 >>>

7日以内	14日以内	3カ月以内	4カ月以内	10カ月以内
被相続人の死亡（相続開始） ↓ 死亡届の提出	年金の受給停止手続き（厚生年金は10日以内） ↓ 世帯主変更届（住民異動届） ↓ 健康保険の手続き ↓ 介護保険資格の喪失届 ↓ 公共料金などの名義変更・解約など	遺言書の有無の調査・確認手続き ↓ 相続人の調査 ↓ 相続財産の調査 ↓ 相続放棄・限定承認を検討	所得税の準確定申告	遺産分割協議の開始 ↓ 遺産分割協議書の作成 ↓ 預貯金・有価証券などの名義変更 ↓ 不動産の名義変更 ↓ 各種財産の名義変更 ↓ 相続税の申告

2 相続とはなにか？基本を押さえよう

亡くなった方の財産を引き継ぐ相続。その基礎知識から勉強していきましょう。

相続とは

「相続」とは、ある方が死亡したときにその方の財産を、特定の人が引き継ぐことです。亡くなった方の財産を配偶者や子どもに分配するケースが多く見られます。また引き継ぐには預金や不動産などの財産の権利だけでなく、住宅ローンなどの負債を支払う義務も含まれます。

相続手続きでは、亡くなった方を「被相続人」、財産をもらう方を「相続人」といいます。

相続はおもに、次の３種類があります。

- **法定相続：民法で決められた人が、決められた分だけをもらう相続**
- **遺言による相続：亡くなった人が作成した遺言書を元に行われる相続**
- **分割協議による相続：相続人全員で遺産の分割方法を決める相続**

大原則として、まずは遺言書の有無を確認します。遺言が見つかった場合は、基本的に遺言書に沿って相続するのです。一方、遺言書がない場合は民法で定められた「相続分」に沿って相続します。これを「法定相続」といいます。また、相続人全員で協議して、それぞれ納得のいく形で遺産を分けることも可能です。これを「分割協議による相続」といいます。

「法定相続分」を知っておく

法定相続分とは、民法に定められた相続割合のことです。法定相続人の順位によって法定相続分は異なり、同順位の法定相続人が複数いる場合は、遺産をその人数で均等に分けて配分します。

必ず法定相続分があるのは、配偶者と子どもです。もし子どもがいない場合は親に、子どもも親もいない場合は兄弟姉妹にその権利が与えられます。

では子どもや兄弟姉妹がすでに他界している場合はどうなるのでしょうか？この場合は、子どもの兄弟姉妹の子どもに遺産相続の権利がスライドする「代襲相続」が可能です。

法定相続人と法定相続分

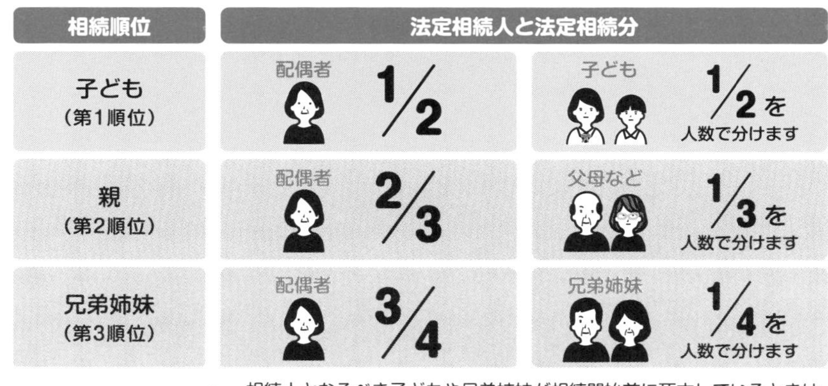

相続順位
法定相続人と法定相続分
子ども
（第1順位）
配偶者
1/2
子ども
1/2を
人数で分けます
親
（第2順位）
配偶者
2/3
父母など
1/3を
人数で分けます
兄弟姉妹
（第3順位）
配偶者
3/4
兄弟姉妹
1/4を
人数で分けます
代襲相続
相続人となるべき子どもや兄弟姉妹が相続開始前に死亡しているときは、孫やおい・めいが代わって相続することができます

第7章 お金を引き継ぐ・残す

3 相続にかかる税金「相続税」

相続する財産には「相続税」という税金がかかります。その算出方法を簡単に知っておきましょう。

相続税がかかるのはどれくらい財産がある場合？

亡くなった方から、パートナーや子どもなど各相続人に相続・遺贈した財産価額の合計額が基礎控除額を超える場合、「相続税」がかかります。

相続税の基礎控除額は、次の計算式で求められます。

基礎控除額＝ 3000 万円＋ 600 万円×法定相続人の数

もし法定相続人が２人いた場合、基礎控除額は 4200 万円です。被相続人の相続財産が 4200 万円以下であれば、相続税はかかりません。

相続税を計算してみよう

相続税を計算する流れを説明します。まずは、相続の対象となる財産の金額を確認します。そして、評価額を足し合わせます。仮に遺産総額が２億円で、妻と子２人の計３人で遺産分割を行う場合、相続税の対象となる課税遺産総額は２億円から3000万円＋600万円×３人を引いた、１億5200万円です。次にこの１億5200万円を法定相続分のとおりに分割します。妻が２分の１、子がそれぞれ４分の１ずつです。結果、妻が7600万円、子が各3800万円となります。

相続税の割合は、その金額が多くなるほど税率も高くなるのが特徴です。このケースでは、妻は相続税率30％（控除額700万円）、子は相続税率20％（控除額200万円）になりました。正確に計算した結果、妻分の遺産にかかる相続税は1580万円、子の分は560万円ずつ。これを足し合わせた総額2700万円を実際の相続割合で割った金額が、ひとり当たりの相続税額です。このケースでは、妻は1350万円、子は各675万円になりましたが、妻（配偶者）には１億6000万円まで相続税を課税しないという税額軽減が認められています。よって最終的に納める相続税は、妻は０円、子は675万円ずつという結果になりました。

相続税の計算例

正味の遺産額が2億円で、妻と子2人が法定相続分どおりに相続した場合

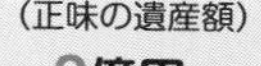

(正味の遺産額) 2億円 − ((基礎控除額) 3000万円 ＋ 600万円 × 3) ＝ (課税遺産総額) 1億5200万円

相続税の総額を実際の相続割合で案分

妻	子	子
(½) 7600万円	(½×½) 3800万円	(½×½) 3800万円
1580万円	560万円	560万円

相続税の総額　2700万円

相続税の総額を実際の相続割合で案分

妻	子	子
(½) 1350万円	(¼) 675万円	(¼) 675万円
配偶者の税額軽減 ＝▲1350万円		
0円	675万円	675万円

第7章 お金を引き継ぐ・残す

4 「贈与税」について知ろう

生きている間に財産をほかの人に渡すことを「贈与」といいます。

財産を他者に渡す「贈与」

贈与とは、個人が生きている間に他者に財産を渡すことを指します。孫にお小遣いを渡す、最近乗らなくなった車を無料で子どもにあげるなどがその一例です。贈与は相続と違い、日常生活の中で比較的起こりやすいです。

この贈与したお金やモノに対してかかるのが「贈与税」。贈与税の課税方法には、「暦年課税」と「相続時精算課税」の２つがあります。

まず暦年課税とは、ひとりの人間がその年の１月１日～12月31日までの１年間に受け取った財産の合計額から、基礎控除額110万円を差し引いて残った金額に対して、贈与税がかかる課税方法です。つまり、１年間にもらった財産の合計額が110万円以下ならば贈与税はかからず、確定申告も不要になります。

次に相続時精算課税とは、原則60歳以上の父母または祖父母から、20歳以上の子または孫に対して、財産を贈与した場合に選択できる制度です。この課税方法を選択した人が、その年の１月１日～12月31日までの１年間に贈与された財産価額の合計額から、2500万円の特別控除額を差し引き、残った金額に対して贈与税がかかります。この特別控除額は、「贈与税の期限内申告書」を提出する場合のみ控除することができ、複数年にわたって利用することも可能です。そしてこの最大2500万円分の贈与に対しては、相続が発生したときにほかの相続財産と合算されて相続税の対象となります。

暦年課税と相続時精算課税制度は、どちらか一方しか利用することができません。また相続時精算課税制度の2500万円の控除額を使い切ったとしても、暦年課税には戻れませんので、ご注意ください。

ちなみに、個人ではなく法人が贈与を行った場合は、所得税の対象になります。

贈与税の税率と税額例

未成年（一般贈与財産用）

成年（特例贈与財産用）

税額	基礎控除後の課税価額	税率	基礎控除後の課税価額	税額
-	200万円以下	10%	200万円以下	-
10万円	300万円以下	15%	400万円以下	10万円
25万円	400万円以下	20%	600万円以下	30万円
65万円	600万円以下	30%	1000万円以下	90万円
125万円	1000万円以下	40%	1500万円以下	190万円
175万円	1500万円以下	45%	3000万円以下	265万円
250万円	3000万円以下	50%	4500万円以下	415万円
400万円	3000万円超	55%	4500万円超	640万円

5 知っておきたい相続税対策

大きな遺産を相続すると、それなりの相続税がかかります。しかし、相続税には多くの節税対策があるのです。

相続税対策の代表格

相続税は、財産が3000万円以下であれば払う必要はありません。しかし預貯金に不動産、車などと財産を合計していくと、思ったよりも資産がある方もいるのではないでしょうか。そこで、相続税の軽減方法をご紹介しましょう。

まずは、生前における贈与の活用です。年間110万円という「贈与税」の控除枠を最大限活用して、生前なら資産を子や孫などに分配します。しかし相続開始直前、つまり死亡前の3年以内に行われた贈与については、相続財産に加えて計算するというルールがあります。なるべく早く贈与しておくといいでしょう。

次に「相続時精算課税制度」の活用です。この制度は、原則60歳以上の父母または祖父母から、20歳以上の子や孫に対して生前に財産を贈与できる制度で、最大2500万円までの贈与に贈与税がかかりません。この制度を利用すると、年間110万円の贈与税の控除は対象外になりますが、より多くの財産を生前に非課税で譲れる可能性が高いです。ただし、この制度によって贈与された財産は、贈与した人が亡くなったときに贈与時の価格が相続税の対象です。将来、値上がりする可能性の高い財産のある人、値下がりしている財産のある人などにメリットが大きい制度です。

「小規模宅地等の特例」もよく利用される制度です。例えば、亡くなった方が妻と２人で自宅に住んでいた場合、この自宅に妻がそのまま住み続けるのならば、その土地の相続税評価額の80%が減額されます。もし、土地の評価額が5000万円だった場合、そこに住んでいなかった子が相続するなら、相続税基礎控除の3000万円＋αを超えてしまうかもしれません。しかし、妻が相続して住み続けるなら、5000万円の20%に当たる1000万円分として計算され、相続税の基礎控除内に収まる可能性があるということです。

ほかにも相続税対策の方法はありますので、早めに検討しましょう。

おもな一括贈与の利用条件

	住宅資金贈与	教育資金の一括贈与	結婚・子育て資金の一括贈与
贈与される人の年齢	20歳～	～29歳	20～49歳
非課税限度額	500万～1500万円（建てられた時期、住宅の種類による）	1500万円	1000万円
使用目的	・建設費および土地代 ・中古住宅の購入費 ・自宅の増改築費	・入学金、授業料 ・習い事、通学費 ・留学渡航費	・挙式費 ・新居費、引越し代 ・子の医療費、保育費 ・不妊治療費
契約終了時の残額への課税	-	30歳になったとき残額に贈与税が課税	50歳になったとき残額に贈与税が課税
適用期間	2021年12月末まで	2023年3月末まで	2023年3月末まで

6

株式や投資信託、どうやって相続する？

株式や投資信託などを運用している最中に亡くなってしまったら、どのように手続きをすればいいのでしょうか？

資産運用商品を相続する流れ

株式や投資信託などを保有した方が亡くなった場合、次のような流れで手続きを行います。

まずは証券会社や銀行などの金融機関に、保有者が亡くなったことを連絡し、各金融機関で保有している資産の「残高証明書」を発行してもらいます。

次に、遺産分割協議の中で、株式を誰がどのように引き継ぐかを相談します。株式や投資信託は、相続人がそのまま引き継いで運用を継続することもできれば、相続人が引き継いだ後に売却して現金化することもできます。もし相続人に資産運用の知識や興味があれば、そのまま運用を続け、値上がり益が出るタイミングで売却してもいいでしょう。一方で、株式などに興味がなかったり、現金化しないとスムーズに遺産分割が進まなかったりする場合は、すぐに売却する前提で話をまとめるのが得策です。

遺産分割協議が終わり株式などの引き継ぎ方が決まったら、証券会社に株の引き継ぎに関する書類を提出します。すぐに売却する場合でも故人名義の口座では取引ができないため、一度相続人の口座に移してから売却するのです。

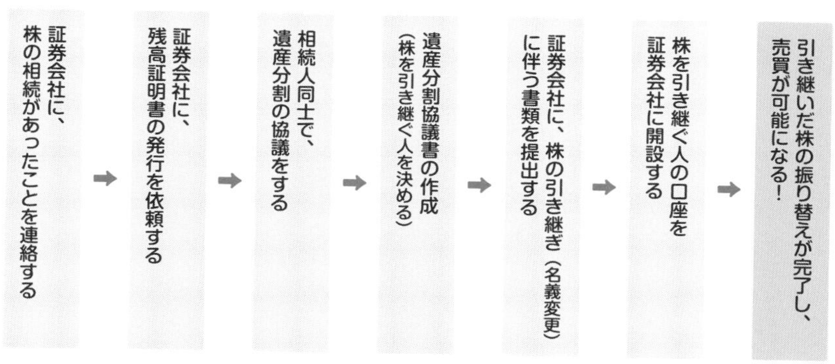
株式・投資信託の相続の流れ
証券会社に、株の相続があったことを連絡する
証券会社に、残高証明書の発行を依頼する
相続人同士で、遺産分割の協議をする
遺産分割協議書の作成（株を引き継ぐ人を決める）
証券会社に、株の引き継ぎ（名義変更）に伴う書類を提出する
株を引き継ぐ人の口座を証券会社に開設する
引き継いだ株の振り替えが完了し、売買が可能になる！

引き継ぐ相続人の口座開設が終わったら、株式などを相続人の口座へ移します。その後、売買が可能になるという流れです。

株式はいくらで評価されるの？

株式を引き継ぐ際、気になるのがその評価額です。上場株式は次の４つの終値のうち、最も低い金額で計算されます。

- **相続発生日（死亡日）の終値**
- **相続発生日を含む月の終値の平均額**
- **相続発生の前月の終値の平均額**
- **相続発生の前々月の終値の平均額**

また一般的な投資信託の場合は、「被相続人が死亡した日に解約した」として、評価額が算出されます。実際に解約するかどうかは、相続人同士の話し合いの中で決めるといいでしょう。

7 「終活」と「エンディングノート」

近年「終活」をする人が増えているといいます。早めに終活をするなら、まずはエンディングノートを作ってみてはいかがでしょうか。

 終活ってなにをするの？

近年話題に上ることが増えた「終活」。自分の死後のために、さまざまな事前準備を行う方が増えています。一見後ろ向きな行動にも見えますが、終活をすることで、今後の人生でなにを行うべきか、どんな目的を果たしたいかなど、自分の人生に向き合って考えを整理する機会にもできます。

終活で行うのは、財産や所有するモノの整理、延命治療に対する希望、理想的な葬儀の内容など、人によってさまざまです。終活をはじめる方は65歳前後が多いようですが、自分の財産を把握しておくのはいつの年代でも重要です。まずは若いうちから、家計簿やExcel、家計簿アプリなどで自分の財産を管理しておく癖をつけるといいでしょう。

 エンディングノートの作り方

終活の際には、あらゆることを「エンディングノート」にまとめておきます。財産に関しては、次のような内容をまとめておくのがおすすめです。

- 資産：どのような資産がいくらあるか。口座を持っている証券会社、銀行など
- 負債：どのような負債がいくらあるか。お金を借りている用途や金融機関など
- 保険：どのような保険に加入しているか。亡くなった際に下りる金額や保険金の受取人、保険証券のありかなど

とくに人が死亡した直後に役立つのが生命保険です。人が亡くなると銀行口座は一旦凍結され、遺産分割協議がまとまるまで原則払い出しができなくなってしまいます。しかし、生命保険は保険金の受取人が手続きをすれば比較的早くお金が受け取れます。よって、生命保険についてエンディングノートにわかりやすく記しておくと、残された方の役に立つでしょう。

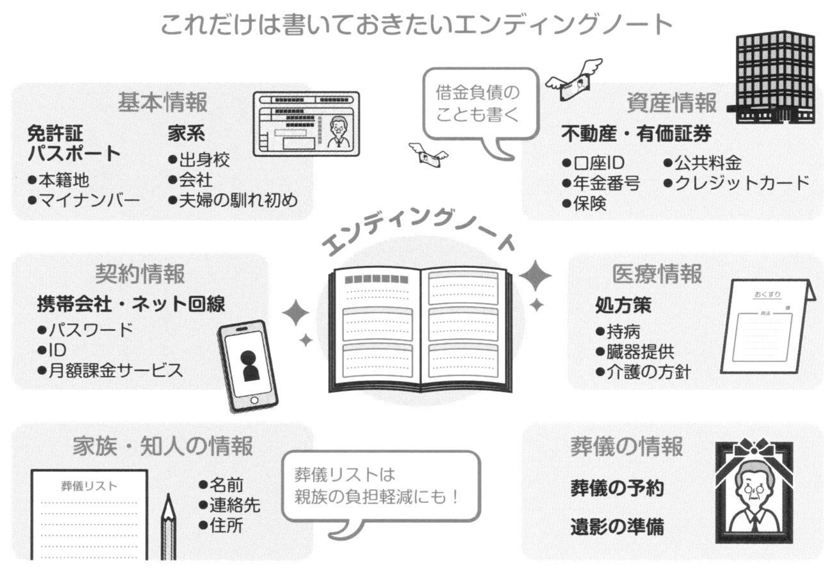

これだけは書いておきたいエンディングノート
基本情報
免許証
パスポート
●本籍地
●マイナンバー
家系
●出身校
●会社
●夫婦の馴れ初め
借金負債の
ことも書く
資産情報
不動産・有価証券
●口座ID
●年金番号
●保険
●公共料金
●クレジットカード
エンディングノート
契約情報
携帯会社・ネット回線
●パスワード
●ID
●月額課金サービス
医療情報
処方箋
●持病
●臓器提供
●介護の方針
おくすり
家族・知人の情報
葬儀リスト
●名前
●連絡先
●住所
葬儀リストは
親族の負担軽減にも！
葬儀の情報
葬儀の予約
遺影の準備

8

「遺言書」はどうやって遺す？

自分が亡くなるのに備えて用意する遺言書。どのように作成すればいいのでしょうか。

遺言書の作成方法は 3 種類

遺言書には３つの作成方法があります。まず「自筆証書遺言」。自分で手書きやパソコンで作成します。次に「公正証書遺言」。市区町村の公証役場に行き、公証人に作成してもらう方法です。それから「秘密証書遺言」。自分が作成した遺言書を公証役場に預けます。

自筆遺言証書のメリットは、紙とペンがあればいつでも作成できること。遺産の配分を変更したければ、いつでも手直しできます。財産の一覧を添付する場合は、後々変更してもいいようにパソコンで作成すると便利です。一方デメリットは、せっかく遺言書を作ったとしても誰かに捨てられたり書き換えられたりする可能性があることです。また書き方に不備があった場合、無効になる可能性もあります。しかし 2020 年７月から、自筆遺言証書を法務局に預けられる「遺言書保管制度」が新設されました。3900 円の手数料を払えば、遺言書を法務局で保管してもらえるので、より安心して遺言が残せるでしょう。

公正証書遺言も比較的よく使われる制度です。公正証書遺言は、公証役場にて作成するため、遺言書に必要な内容が網羅でき、紛失・偽造のリスクもほとんどないことがメリットです。ただし、資産額に応じて5000円～5万円程度のコストがかかります。作成時に必要な証人2名を公証役場から紹介してもらう場合には、さらに費用が上乗せされるのでご注意ください。

秘密証書遺言は、内容を秘密にしたまま存在だけを公証役場で認証してもらえる遺言書ですが、現在はほとんど利用されていません。

自筆遺言証書と公正証書遺言のうち、どちらを利用すればいいのでしょうか。気軽に作成したいなら自筆証書遺言、より正確な遺言を作成したい場合は公正証書遺言を利用するのがおすすめです。自筆遺言証書を利用するなら、法務局に預かってもらうとより安心です。

3種類の遺言書の意味

自筆証書遺言

遺言者自らが手書きで全文作成する遺言書

内容に不備があると法的効力が無効になる

公正証書遺言

公証役場の公証人に作成してもう遺言書

作成してもらった遺言書は公証役場で保管される

秘密証書遺言

封印した状態の遺言書を公証役場に預ける方法

他者に遺言書の中身を知られることがない

9 「遺留分（いりゅうぶん）」はしっかり主張しよう！

「私の財産の一切を○○に遺贈する」。そんな遺言書が発見され、自分に一銭も相続されなくなった……。そんなときは遺留分について主張しましょう。

遺留分とはなにか

「遺留分」とは、民法で定められた法定相続人に対して、最低限保障される遺産取得分のことです。亡くなった被相続人の配偶者や子ども、孫、両親などは、この遺留分が認められています。しかし被相続人の兄弟姉妹やおい、めいなどには遺留分はありません。

では、実際に遺留分はいくらもらえるのでしょうか？

例えば、遺産額3000万円を配偶者と子ども2名が相続し、長男に遺産の全額を譲るような遺言書が残されていたとします。この場合、配偶者の遺留分は4分の1、子どもの遺留分はそれぞれ8分の1です。つまり配偶者は750万円、次男は375万円の遺留分を長男に請求することができます。このように遺留分は、法定相続人が最低限の遺産を受け取れるよう配慮している制度なのです。

遺留分が認められるケース

遺留分はさまざまな遺産相続で主張できます。まずは遺言書によって、不公平な遺産分割をされたとき。「私財の全額を○○県に寄付する」などといった遺贈にも、この遺留分が認められます。また生前贈与の場合でも、相続開始前の１年間に行われたものは、遺留分の対象になります。さらに、贈与した被相続人と贈与を受けた人の双方が「贈与によって遺留分を侵害する」と知っていた場合は、それ以前の贈与でも遺留分請求の対象になります。

遺留分を認めてもらう手続き「遺留分侵害額請求」は、相続開始および遺留分を侵害する遺言や贈与を知ってから１年以内に行う必要があります。自分が被相続人に近しい法定相続人なのに、一銭も受け取れない。そんな状況だと知ったら、早めに行動して遺留分を認めてもらいましょう。

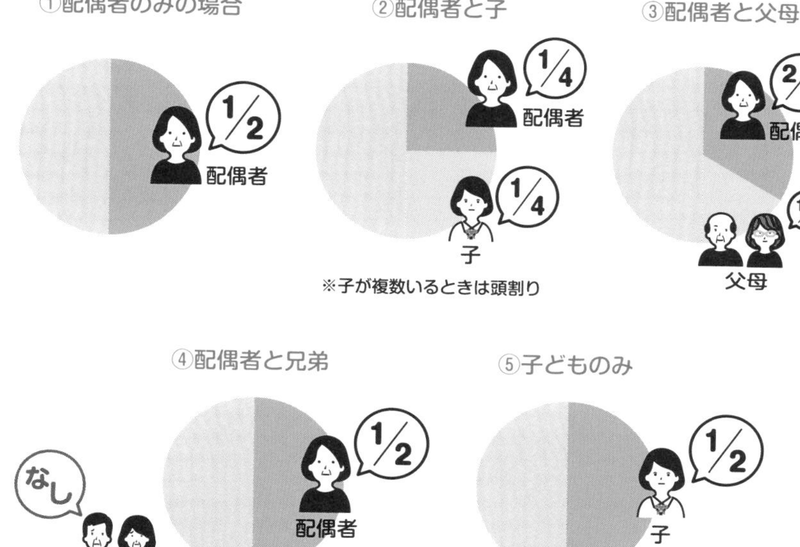

10 「相続しない」選択肢もある

法定相続人になったら必ず相続しなくてはいけないのか……。そんなことはありません。相続しないという選択肢もあります。

相続人の選択肢は３つ

例えば親が亡くなり、あなたは法定相続人になりました。親が残した財産はほとんど借金のみ。相続では基本的に預貯金や不動産などの「プラスの財産」だけでなく、借金などの「マイナスの財産」も含まれます。あなたは借金を背負わなければいけないでしょうか？

そんなことはありません。相続するかどうかは、以下の３つの選択肢から決めることができます。

- **単純承認：無条件で相続する**
- **限定承認：条件つきで相続する**
- **相続放棄：相続しない**

まず単純承認は、最も一般的な相続方法で、相続人の遺産すべてを対象として相続することです。ほかの相続人と話し合い、預貯金や不動産、借金などを分割して相続します。

次に限定承認は、プラスの財産の範囲内で、マイナスの財産も相続することです。例えば被相続人が200万円の預貯金と、いくらあるかわからないものの借金を残していた場合、預貯金の範囲内ならば借金返済に応じてもいいという限定承認を選択するケースがあります。限定承認は、相続人全員が限定承認を選ぶ必要や、亡くなった日から3カ月以内に家庭裁判所へ書類提出する義務などがあり、手続きが比較的煩雑です。ほかの相続人と早期に相談するといいでしょう。

相続放棄は、財産をすべて引き継がないことです。プラスの財産よりもマイナスの財産のほうが明らかに多い場合に選択します。もし、被相続人がある借金の連帯保証人になっており、今後借金の肩代わりが発生しそうな場合も、相続放棄を選択しておけば連帯保証人としての義務はなくなります。相続放棄は3カ月以内に決めて届け出る必要があり、ほかの相続人は通常相続であなただけ相続放棄など、ほかの相続人と連帯する必要はありません。

相続する財産の中身をよく確認して、相続するかどうかを判断してください。

相続の選択

相続の発生

なにもせずに
3カ月が経過

相続開始を知ってから3カ月以内

単純相続
無条件で全財産と負債を相続すること。

相続放棄
相続放棄とは、資産も負債も含めて一切の遺産相続をしないことです。

限定承認
資産と負債を清算して資産のほうが多ければ、あまった資産を受け取れるため資産超過でも損をしません。
限定承認の場合は全員の意見が一致しないと進められません。

11 「相続」と「贈与」はなにが違う？

「相続」と「贈与」。どちらも財産を渡す行為ですが、どのような違いがあるのでしょうか？

「相続」と「贈与」

「相続」と「財産」は、おもに３つの観点で区別できます。

まず、財産を受け渡すタイミングに大きな違いがあります。相続は「相続人の死」をきっかけに発生するものです。一方、贈与はタイミングを限定せず、贈与する側と受け取る側が合意した時点で発生します。

次に、合意や意思の必要性です。相続は、遺産を譲る方と受け取る方の意思に関係なく発生しますが、贈与はお互いに合意がないと成立しません。

それから、財産を譲る際の手続きも異なります。相続時に自分の思うように遺産を分けたいなら、遺言書によって指示する必要があります。しかし贈与なら、こうした書面がなくても自分のタイミングで財産を渡せます。

そして財産を譲る相手にも違いがあります。相続は基本的に親族を対象としていて、法定相続人に財産を残します。もし、親族以外に財産を渡すなら「遺贈」といいます。一方、贈与は親族や法定相続人に限定せず、相手を自由に選べるのが特徴です。

相続と贈与の違い

	相続	贈与
合意	双方の意思に関係なく発生する ※「相続権」を破棄することはできる。しかし、相続が「発生」した後に「放棄」の選択になるため、相続者の意思には関係なく一度は発生する	双方の合意で成立する ※口約束でも可。しかし、トラブル回避のために必ず贈与契約書を作成したほうがよい
遺言書	必要 ※不備があると相続が亡くなった方の希望どおりに進められない可能性がある	なくてもできる ※「贈与したい相手に確実に、自分のタイミングで贈与する」ことができる
相手	「法定相続人」に財産を譲り受ける権利が与えられる ※基本的には親族を対象とし、遺言に則って親族以外に譲渡される場合は「遺贈」という	自由に選べる

相続税よりも贈与税のほうが高い理由

では相続に関係する「相続税」と、贈与に関係する「贈与税」はどちらのほうが税金が多く取られるのでしょうか？　正解は贈与です。相続税は「3000万円＋法定相続人の数×600万円」という大きな基礎控除があるのに対し、贈与税は年間110万円の基礎控除しかありません。また、税率や税額計算時の控除額も相当な差があります。

なぜ相続税よりも贈与税を高くしているのでしょうか。その理由は明言されていませんが、過度な生前贈与による「相続税逃れ」を防ぐためだといわれています。また、うっかり不当な相手に大切な財産を贈与してしまい、残された相続人たちに財産が分け与えられない不幸を防ぐためもあるのでしょう。

贈与税と相続税の節税ポイントをしっかり理解した上で、適切に財産を残せるといいですね。

12

相続税法が大改正。新しい制度を確認しよう

法律は毎年見直されていますが、2021 年（令和３年）には大きな税制改正がありました。2020 年度の改正と併せてご紹介します。

生前贈与の特例が延長

令和３年の大規模な税制改正のうち、相続に関する改正についてご紹介しましょう。子どもや孫に対して、親や祖父母から生前贈与する場合の特例が延長されています。おもな改正点は３つです。

ひとつ目は、子どもや孫に対して住宅取得資金を援助する場合。通常は 1200 万円分の非課税枠がありましたが、現在期間限定で 1500 万円まで増枠されています。これが 2021 年 12 月まで継続されることになりました。

２つ目は、教育資金を一括で援助する場合です。元々 2021 年３月末まで、1500 万円までの非課税枠が認められていましたが、これが 2023 年３月末まで２年間延長されました。

３つ目は、結婚や子育て資金に関する一括援助について。これまでは 20 歳以上の子に対して贈与した場合に、1000 万円までの贈与税非課税枠が認められていましたが、この年齢要件が 18 歳以上に引き下げられました。適用期限も２年間延長され、受贈者が孫などの場合には、相続税の優遇も設けられています。

こうした制度を利用すれば、資産を子どもや孫に受け渡しやすくなります。

「配偶者居住権」が認められる

2020年4月より施行されたのが「配偶者居住権」の新設です。これは、相続が発生する前から住んでいた配偶者の自宅は、配偶者がその自宅の権利を相続しなかったとしても住み続けられる権利です。例えば、評価額4000万円の自宅と、金融資産1000万円を残して配偶者が亡くなり、子ひとりとあなたが相続することになったとき、子との折り合いが悪いと「家を売って現金の一部を渡して」といわれ、家を失うケースがありました。しかしこの権利が明記されたことで、配偶者が住み続ける権利が、財産分与とは別に認められたのです。より適切な遺産相続がかなうのではないでしょうか。

配偶者居住権での遺産相続ケース例

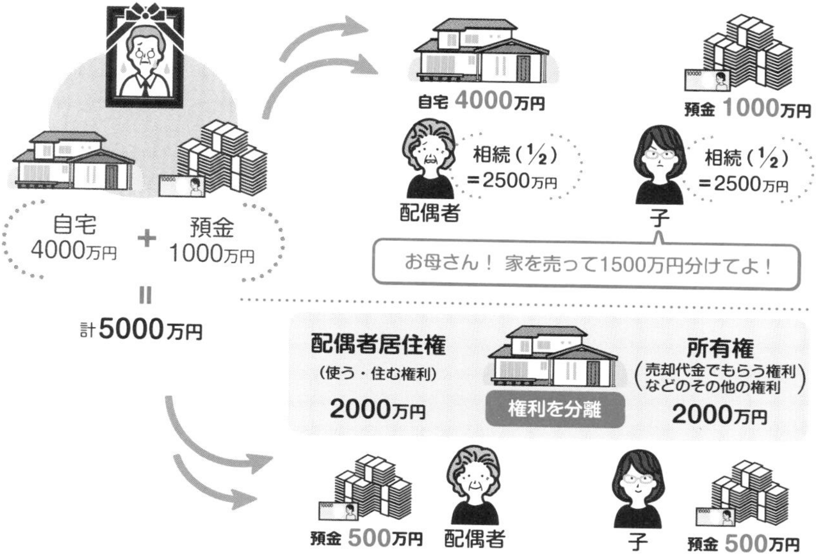

自宅 4000万円 ＋ 預金 1000万円
＝
計5000万円

自宅 4000万円
預金 1000万円
配偶者 相続（1/2）＝2500万円
子 相続（1/2）＝2500万円
お母さん！ 家を売って1500万円分けてよ！

配偶者居住権（使う・住む権利）2000万円
権利を分離
所有権（売却代金でもらう権利などのその他の権利）2000万円

配偶者 預金 500万円
子 預金 500万円

第8章

お金の未来

1 将来、お金がなくなる？

本章では、これから先の「お金の将来」について考えてみましょう。

 コロナ禍で消えた「現金」

2019年末より、新型コロナウイルス感染症が猛威を振るい、世界は混乱に陥りました。海外では街はロックダウンによって封鎖され、日本では長引く緊急事態宣言で活動が制限されました。金融市場では「コロナショック」が起き、2020年頭に株価が暴落。その後はコロナ禍で需要が増えた銘柄を先頭に、株価は回復しています。このコロナ禍で急激に見なくなったものがあります。それが「現金」です。自粛により対面での買い物が減少したほか、現金の受け渡しが感染リスクを上げるとの見方もあって、現金に代わり「キャッシュレス決済」が増えました。この流れが進んでいくと、思わぬ形でキャッシュレス化がぐんと進行する見込みです。

 現金が「デジタル通貨」に置き換わる？

コロナ以前からたびたび議論されているのが、「デジタル通貨への移行」です。デジタル通貨とは、デジタルデータに変換されていて、通貨として利用可能なものを指すことが多く、厳密な定義はまだありません。基本的には、現金ではない電子マネーや仮想通貨などのすべてが、デジタル通貨にあてはまります。

今後本格的に検討されるだろうといわれているのが、「CBDC（Central Bank Digital Currency）」です。これは国家の中央銀行が発行するデジタル通貨で、紙幣や硬貨といった現物を持たず、電子マネーや仮想通貨のようにデータとしてのみ存在します。

2021年4月、日本の中央銀行である日本銀行が、デジタル通貨「CBDC」の実証実験をはじめました。CBDCは、すでに世界の約6割の国や地域で実験されており、今後3年のうちにデジタル通貨の発行がはじまるところも一定数あると予測されています。

すでにデジタル通貨が使われている国を紹介します。

まず世界に先んじて2020年にデジタル通貨を発行したのが、中米カリブ海のバハマとカンボジアです。バハマが「サンド・ダラー」を、カンボジアが「バコン」を発行しました。

2021年はまだ正式に発行した国はありませんが、EUが「デジタル・ユーロ」、日本が「デジタル円」、中国が「デジタル人民元」などと、世界主要国もデジタル通貨の発行に取り組むことを明言しています。

デジタル通貨が本格的に運用される日は、そう遠くないかもしれません。

2

大きく変わる銀行・証券会社

これまで多くの顧客を持ち、膨大な取引を行ってきた街中の銀行や地方銀行、証券会社。今後は店舗が減っていくかもしれません。

WEB化・統廃合が進む銀行、地方銀行

これまでの金融機関との取引といえば、平日日中に銀行店舗に出向き、店頭で手続きするのが主流でした。しかし年々、資本力のあるメガバンクを先頭に、インターネットバンキングで行える手続きが増加。2020年以降はコロナ禍での影響を受け、来店しない手続きを推奨する動きも見られています。

現在、日本のメガバンクは三菱UFJ銀行、三井住友銀行、みずほ銀行を主軸とした各グループ。さらに埼玉りそな銀行のグループも加わっています。都市銀行は長い時間をかけて統廃合が進み、落ち着いた状態です。

現在統廃合が進んでいるのは、地方銀行です。地方銀行はそれぞれの地域特有の問題を抱えており、とくに人口減による顧客減少、預かり資産の減少、そして利益の減少に悩んでいるところが多く存在します。そこで政府主導の下、地方銀行同士の統廃合が進行。2021年5月には、合併や経営統合に踏み切る地域金融機関に交付金を出す制度の新設に向け、金融機能強化法の改正法案が可決・成立しました。地方銀行全体の2021年決算を集計した結果、77社中33社が減益、38社が増益となっています。コロナ禍で中小企業への融資が増えているにも関わらず、減益の地方銀行が半数近くを占めていました。今後地方銀行の業績回復のため、さらに統廃合が進むとみられています。

インターネット取引がメインの証券業界

証券業界は、銀行業界に比べてインターネット取引がより浸透しています。日本証券業協会の調査によると、個人投資家のうちパソコンやスマホなどからインターネット取引をしている人は、75.7%にも上りました。対面取引を希望する方も一定数はいるものの、今後もインターネット取引が主軸となりそうです。

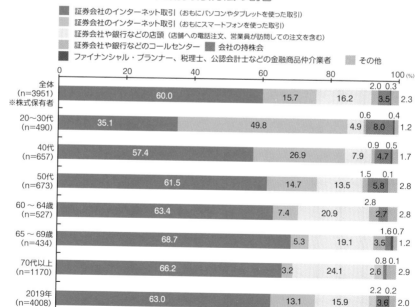

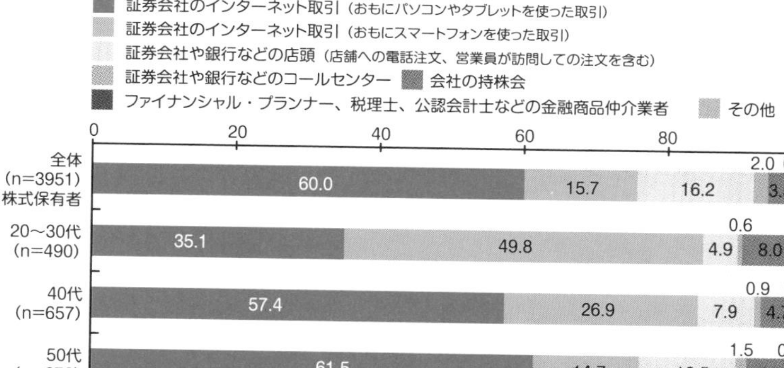

日本証券業協会「2020年個人投資家の証券投資に関する意識調査【インターネット調査】(概要)」より引用

3

ビットコインだけじゃない!? 「仮想通貨（暗号資産）」

近年大きく知名度を上げている仮想通貨。実はビットコイン以外にも非常に多くの種類があるのです。

仮想通貨（暗号資産）とはなにか

仮想通貨とは、インターネット上でやり取りできる財産的価値があるもののことです。「資金決済に関する法律」において、次の性質を持つものを「仮想通貨」と定義しています。

- **不特定の人に対する代金支払いなどに使用でき、かつ日本円や米ドルなどの「法定通貨」と相互に交換できる**
- **デジタルで記録され、移転することも可能**
- **法定通貨や電子マネー、プリペイドカードなど法定通貨建ての資産ではない**

これまでは仮想通貨と呼ばれていましたが、2019年5月31日の法改正決定により、「暗号資産」へと呼び名が変更されています。

暗号資産の代表格が2009年1月に誕生した「ビットコイン（BTC)」です。

仮想通貨（暗号資産）とは

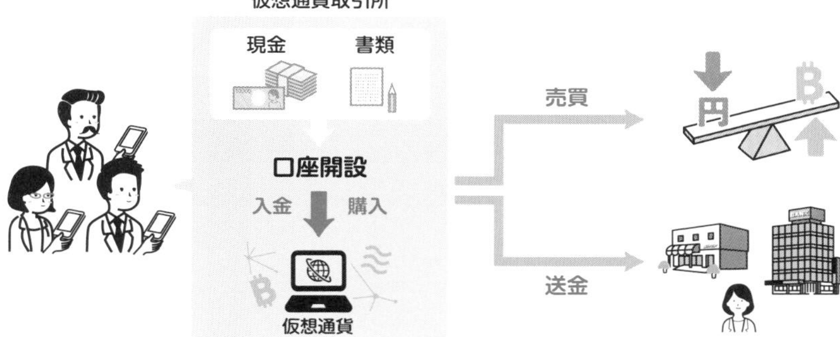

最初は通貨としての価値が認められず、1BTC＝約0円。しかし数々のトラブルに見舞われながらも価値が上昇し、2013年にはじめて12万円台の値がつきました。その後は一旦下火になったものの、2017年より再び上昇気流に。2018年の年始には1BTC ≒ 200万円台へ乗り、日々トレーダーの注目を集めています。

暗号資産はこのほかイーサリアム（ETH）やバイナンスコイン（BNB）など、2000種類以上もの通貨があるといわれ、仮想通貨を積極的に買う企業も徐々に増加しています。

安定性を追求した「ステーブルコイン」も登場

近年は、仮想通貨（暗号資産）の変動の激しさを改善した「ステーブルコイン」も出回るようになりました。現在のおもなステーブルコインは、米ドルに紐づいている「テザー（USDT）」や「ジェミニ・ダラー（GUSD）」、日本円と関連するGMOインターネットグループの「GYEN」、「エルシーネム（LC-NEM）」など。米ドルや日本円などの法定通貨や、仮想通貨と紐づいているのが特徴です。今後も大企業の参入や、取引量の拡大が期待できるかもしれません。

4 「SDGs」とお金

「SDGs」は、2030年までに世界全体で目指す国際指標です。ここにも「お金」が関係しています。

 SDGsに関係するお金の役割

「SDGs（Sustainable Development Goals）」とは「持続可能な開発目標」のことで、2030年までに持続可能でよりよい世界を目指す国際目標です。17のゴールと169のターゲットから構成されており、地球上の誰ひとりも取り残さないことを誓っています。発展途上国だけでなく、先進国も取り組むべきものだと提言されています。

そんな世界での動きから、日本企業も着々とSDGsに関する行動をはじめています。一見SDGsは、企業の経済活動とは無縁に思えるかもしれません。企業にとってもSDGsへの取り組みは目先の利益に直結するものとはいいづらく、善意に基づく行動を求められているでしょう。しかし、世界的に便利さや豊かさが広がれば、結果として企業が手掛けているビジネスの市場規模も拡大していくと考えられます。そのため、中長期的に社会や金融市場から評価されるためにも、今からアクションを起こす企業が増えているのです。

SDGs市場は超巨大!?

世界のSDGsに関する市場はどの程度あるのでしょうか。民間の調査会社が試算したところ、最も規模が小さいと思われる「質の高い教育をみんなに」という目標だけで市場規模は71兆円、最も規模が大きいと予想される「エネルギーをみんなに そしてクリーンに」にいたっては、なんと803兆円に達するそうです。

善意の心からグローバルの持続的な繁栄を願ってのSDGsですが、実際は経済活動をより促進するためのテーマのひとつだといえそうです。各企業のSDGsに対する取り組みが、その後の株価の成長を後押しするかもしれません。資産運用をしている方はとくに、関連するニュースに敏感になっておきましょう。

SDGsの「17のゴール」

1 貧困をなくそう
2 飢餓をゼロに
3 すべての人に健康と福祉を
4 質の高い教育をみんなに
5 ジェンダー平等を実現しよう
6 安全な水とトイレを世界中に
7 エネルギーをみんなに そしてクリーンに
8 働きがいも経済成長も
9 産業と技術革新の基盤をつくろう
10 人や国の不平等をなくそう
11 住み続けられるまちづくりを
12 つくる責任 つかう責任
13 気候変動に具体的な対策を
14 海の豊かさを守ろう
15 陸の豊かさも守ろう
16 平和と公正をすべての人に
17 パートナーシップで目標を達成しよう

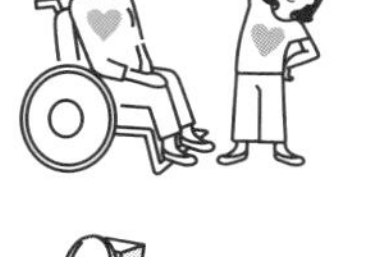

5 「FinTech」が世界を近づける

金融とテクノロジーを掛け合わせた「FinTech」。その発展がさらに世界を狭く、身近にするかもしれません。

 市民権を得た「FinTech」

「FinTech」という言葉が社会で取り上げられるようになったのは 2000 年代からです。金融という専門的な業界に、インターネットやテクノロジーが掛け合わされた結果、これまでにない金融サービスが生まれるようになりました。インターネットバンキングやネット証券はもちろん、電子マネーなどのキャッシュレス決済、スマホを使った資金管理サービスなど、現在よく使われるようになった金融サービスは、すべて 2000 年代以降に生まれた新しいものです。

生活に身近な FinTech を紹介しましょう。まずは家計簿アプリ。銀行口座やクレジットカード、電子マネーなどを家計簿アプリに登録すると、それぞれの手段で入金や支払いが行われた際に、その動きが自動的に記録されます。中にはレシートを撮影するだけで、自動的に金額や品目などを記録してくれるものもあります。より家計管理がしやすくなったのは、FinTech のおかげです。また「ブロックチェーン技術」を活用した仮想通貨（暗号資産）の登場と発展も、もちろん FinTech によるものです。それから AI による自動運用がかなう「ロボアドバイザー」も、資産運用を身近にするという大きな役割を果たしています。

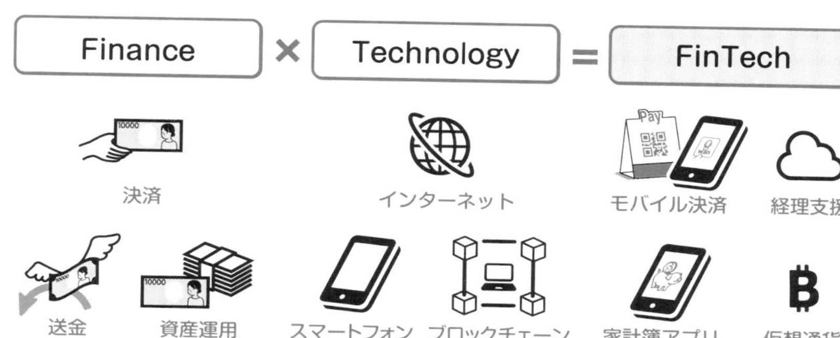

世界中にお金が回る世の中に

世界全体で行われている取引といえば、国際送金です。国際送金は今まで「SWIFT（スイフト）」という国際送金システムを使うのが一般的で、数日～2週間という時間と、数千円の高い手数料をかけて銀行から手続きしていました。しかしFinTechの発達により、数時間や数百円という低コストでスマホから海外にいる友人や取引先に簡単に送金できるシステムが、世界で登場しています。

「ファイナンシャル・インクルージョン（金融包摂）」という言葉をご存じでしょうか。貧困層から富裕層までの誰もが金融サービスを利用でき、金融サービスの恩恵を受けられるようにするという言葉です。デジタル通貨が世界ではじめてバハマやカンボジアで取り入れられたように、FinTechは世界の小国や貧困に苦しむ国々に浸透し、これまで銀行に行けなかった人々にアクセスする力を持っています。

FinTechによって世界中の人々の生活が快適になり、人々が繋がりやすくなって、よりお金が循環する世の中になる。そうやって豊かな社会になることを願っています。

おわりに

お金とはどういうものか、どのように稼ぎ、使い、増やすのか。生活を守るための制度、社会に納めるもの。このようなお金の全体的なものが、見えたでしょうか。

すべてを深く知る必要はありません。本書内のことも、自分に必要ないという知識があったかもしれません。しかし、これらの知識や情報をまずは広く知り、自分に必要なものはなにか、どこを暮らしに生かしていくべきなのかを考え、さらに学ぶ。そのようなヒントになれば幸いです。

利用できる制度、給付について知っておくと、どの程度の資産を準備するとよいのかを計算することができます。

例えば、病気で治療するために医療費がかかる。仕事を休み、収入がなくなることを不安に思う人がいるでしょう。しかし、医療費については「高額療養費制度」、休業については「傷病手当金」があります。これらの制度が使えるのかどうかがわかれば、その給付金や手当金で不足するだろう金額を、民間の生命保険で備えておけます。

年金で生活できるのかと不安に思う場合、年金額を確認し、毎月かかるお金を把握していると、その差額分がわかります。それがわかれば、退職金や企業年金などを計算していくと、自分が貯めて備えるべき金額を出せます。

同じように、生計を維持している人が亡くなったときに利用できる制度がわかれば、備えるべき保障や蓄えについて考えられます。教育費であれば、補助金と自己負担額を知れば、いつまでにいくら準備すべきか検討できます。

私たちが「お金を貯めなくてはいけない」と思っている事柄は多くが「一部補助される」ものです。だからこそ、しっかりと活用すべきなのです。そして「投資」を取り入れることも、目標達成のためには大切です。いきなり個別株、FXなどというリスクの高い投資を考えるのではなく、つみたてNISAなどの投資信託の長期的な積立投資からはじめることが重要です。

お金を貯める、資産を長持ちさせるには、「収入を上げる」「支出を減らす」「使わないお金を運用する」という３つが大切です。副業をして増収を目指してもよいですし、節約して支出を減らしてもよいです。もし、毎月３万円をカバーしたいのであれば、増収と支出削減の両方に取り組み、プラスマイナスさせながら補っていきましょう。

お金は「道具」です。今ではキャッシュレス化が進み、お金の形が変わってきていますが、どういう形であれ、生きて暮らしていくための道具なのです。その道具を賢く、上手に使うために、頭を働かせてください。

今回、この本を監修するにあたり、「ここまでは要らないのではないか」「ここは情報が足りていないのではないか」と思うことがありました。しかし、書籍として形になった姿を見ていると、私が今まで深く必要性を感じていなかった部分も、皆さんの将来のための知識として、あってよかったと思っています。

本書が、皆さんの今、そして今後のお役に立てると幸いです。

横山光昭

横山光昭（よこやま・みつあき）

家計再生コンサルタント、株式会社マイエフピー代表
お金の使い方そのものを改善する独自の家計再生プログラムで、家計の確実な再生をめざし、個別の相談・指導に高い評価を受けている。これまでの家計再生件数は2万1000件を突破。書籍・雑誌への執筆、講演も多数。著書に85万部を超える『はじめての人のための3000円投資生活』（アスコム）や『年収200万円からの貯金生活宣言』（ディスカヴァー・トゥエンティワン）などがある。これまでに150点、累計351万部となる。オンラインサロン「横山光昭のFPコンサル研究所」を主宰。

大人のためのお金の教養

2021年12月22日　初版発行
2022年2月4日　2版発行

監　修　横山光昭
発行者　野村直克
発行所　総合法令出版株式会社
〒103-0001　東京都中央区日本橋小伝馬町15-18
EDGE小伝馬町ビル9階
電話　03-5623-5121
印刷・製本　中央精版印刷株式会社

落丁・乱丁本はお取替えいたします。

ISBN 978-4-86280-829-5
総合法令出版ホームページ　http://www.horei.com/